丁荣贵论项目管理系列

丁荣贵 ◎ 著

太极逻辑

TAIJI LOGIC

Chinese Wisdom for Project Governance

项目治理中的中国智慧

中国电力出版社
CHINA ELECTRIC POWER PRESS

内 容 提 要

我们每个人都会按照自己的逻辑去观察世界和理解世界，逻辑不同，我们做事的立场和方式也就不同。管理者需要有区别于其他职业人员所拥有的逻辑，即太极逻辑。

项目因变化而生，变化因阴阳既对立又统一的矛盾而起。有效的项目治理机制就是能够及时预见项目治理中的若干主要矛盾并在恰当的时机采取双方能够接受的方式来化解这些矛盾。解决矛盾的最佳时机是构成矛盾的两方面从协同的整体（无极阶段）到阴阳明显分化（两仪阶段）之间的太极阶段。中国式项目治理智慧的核心就是抓住这些太极阶段，依据中庸式的矛盾解决策略对构成矛盾的阴阳力量进行因势利导，既能利用矛盾促进项目的进展，又能将矛盾化解于其爆发之前，从而使项目治理系统保持动态的和谐状态并最大限度地满足项目利益相关方的需求，达到"功成事遂，百姓皆谓我自然"的境界。"太极逻辑"是中国文化中特有的基于特定利益权衡的辩证思维理论和方法。根据阴阳对立统一的原则发现矛盾，根据太极阴阳分化的演变规律找准解决矛盾的时机，根据中庸的迂回和置换思想以权衡利益相关方需求而得到矛盾的解决方案，是太极逻辑的三个基本支柱。

各种文化的交融碰撞使我们的世界变得既丰富多彩又冲突不断。中国式的太极逻辑为解决项目治理中产生的矛盾提供了有效的哲学思想和方法。如果说文化因为过于繁冗复杂而容易使我们陷入 VUCA 时代的各种管理理论、方法和实践丛林状态的话，厘清做事的逻辑就是要为我们走出丛林提供一条简易而清晰的路径。简单来说，太极逻辑能够使我们更安定也更有效地从事管理工作。

图书在版编目（CIP）数据

太极逻辑：项目治理中的中国智慧 / 丁荣贵著. —北京：中国电力出版社，2018.5（2019.8重印）

ISBN 978-7-5198-2061-9

Ⅰ. ①太… Ⅱ. ①丁… Ⅲ. ①项目管理 Ⅳ. ①F224.5

中国版本图书馆 CIP 数据核字（2018）第 091767 号

出版发行：中国电力出版社

地　　址：北京市东城区北京站西街19号（邮政编码100005）

网　　址：http://www. cepp.sgcc.com.cn

责任编辑：李　静　　1103194425@qq.com

责任校对：朱丽芳

装帧设计：九五互通　　陈子平

责任印制：钱兴根

印　　刷：三河市百盛印装有限公司

版　　次：2018年5月第1版

印　　次：2019年8月北京第2次印刷

开　　本：710毫米×1000毫米　16开本

印　　张：13.5

字　　数：157千字

定　　价：58.00元

前言 |

　　我们处在一个 VUCA 的时代，易变性（Volatility）、不确定性（Uncertainty）、复杂性（Complexity）和模糊性（Ambiguity）给我们的管理工作带来很多困扰。层出不穷的新思想、新理论、新方法、新案例使人目不暇接，它们不但没有让我们更安定、更清晰地看待企业和项目，反而使我们更躁动和更困惑。依托于行政权力、知识权威、团队协作和可靠计划等传统元素的管理理论和方法越来越不足以适应新世界，日新月异的人工智能产品、物联网环境、数字化资源和区块链技术让我们感到本领恐慌，且我们的安全感正在逐渐丧失。管理本来应该是促进技术创新和社会发展的动力，但如今管理似乎不仅滞后于技术的发展，甚至有可能成为技术创新和社会发展的阻力。

　　试图以变化应对变化的方式是徒劳的，这方式会使我们疲于奔命而迷失在新技术、大数据的汪洋大海之中。俗语有"打拳不练功，到老一场空"，可引申理解为只注重管理的理论和方法，而不能发现这些理论和方法背后的哲学原理，不能形成适合管理人员的认识论，不能以一种清晰的逻辑方法来将这种认识论具体化，管理理论和方法就容易变得僵化教条或者似是而非，也就不能因管理目的和条件的不同而迅速得出有效的管理策略。

　　变化是 VUCA 的根源，当今世界，唯一不变的就是变化，但我们看待世界的逻辑方法可以也必须是稳定的。正如《金刚经》所言："若见诸相非相，即见如来。"只有不拘泥于多姿多彩变化的 VUCA 表相而进一步审视其背后隐藏的人性本原，我们才能有感知外界变化的参照系。以变应变容易使人眩晕和失去自我，以稳定的逻辑来看待变化的世界才能使我们看得更远、更清晰。借助清晰稳定的逻辑，才能使我们在 VUCA 的世界中得到心灵和精力上的双重解放，因为它能够帮助我们明白成事与败事的原因，避免我们钻牛角尖，也能帮助我们更有效地借助他人和外部资源来处理事务，使我们在需要耐烦的管理工作中找到最轻巧有效的着力点。换句话说，只有我们能够追溯到管理的本原，寻找到管理最底层的认识论及其逻辑结构，才能解决这种"不变是等死、变会累死"的悖论。

管理是一门专业特点很明显的学科，它不应该成为文学、经济学、数学和心理学的旁支或附庸。一个武术门派之所以能够成为"门派"，是因为它有着区别于其他门派的对用力和技法等方面的独特而又系统的理解，一门学科也同样如此。缺乏独特的认识论、缺乏独特的认识世界的逻辑方法，仅希望依附于某些来头很大的人物或学科来为自己撑腰壮胆是不能让管理具有独立性的。

管理固然与文化有关、与数学有关、与心理学有关，但如果只是将文化、数学、心理学中的一些零零碎碎拼凑在一起，不可能得到一门有灵魂的学科。很多西方人将孔子思想当作中国文化的典型。然而，孔子所代表的儒家是轻视商业和竞争的，这些思想与商业管理之间的联系过于间接，用这些思想解决商业管理问题就像用鱼钩来扇风一样。孔子讲述仁爱，但《孙子兵法》的开篇就点明"兵者，诡道也"，通篇讲述如何竞争。靴子再新只能穿在脚上，帽子再旧也是戴在头上，以孔子的思想来用兵不合适，以孙子的思想来治学和修身养性也不合适。我们需要用一种适合于管理特点的逻辑来将各种有益的思想和方法有机整合起来。

　　管理和治理的过程就是解决矛盾的过程。变化带来了创新，变化也给管理带来了一系列需要解决的矛盾。解决变化带来的多样矛盾是项目存在的理由，也是项目管理者面临的问题。无论是项目管理还是项目治理都需要解决好变化的问题和稳定的策略之间的矛盾，即"变"与"不变"之间、"动"与"静"之间的一系列矛盾。项目管理的价值在于它是通过对变化的管控，以提高在变化的环境下完成任务的效率和可靠性。项目治理则是使项目管理得以可行的规制环境，是在变化的社会和商业环境中捕捉机会、发现没有相处过的合作者、缔结新的游戏规则……项目治理所面临的这些矛盾的困难度和影响力比项目管理的更大。

　　中国人是解决矛盾的高手，同样也是制造矛盾的高手。因为其擅长制造矛盾，也就擅长解决矛盾；因其善于解决矛盾，也就善于制造更难解决的矛盾。中国文化的哲学之源《易经》就是一部阐述"变"与"不变"之间对立统一关系的辩证关系的著作，也是中国人预见矛盾、分析矛盾和解决矛盾的"圣经"。中国传统上以《易经》为"百经之首"，在此基础上衍生出了儒家、道家、法家、兵家、墨家等诸子百家。《易经》的基础又在于将世间万象的变化趋势看成由"阴"和"阳"两个对立的基础单元组成的若干系统，这些系统按照对立统一内在关系演化而成。中国传统智慧的核心就是这种"一分为二合为三"的辩证法。"一"是指一种矛盾，"二"是指构成矛盾的阴阳对立统一的两股力量，"三"则是运用矛盾的两种力量之时而构造的第三种力量，这种力量能够有效解决这个矛盾。这种"亦此亦彼"又或"非此非彼"的中庸式力量也是让人产生中国文化不可捉摸、思考逻辑上矛盾重错觉的原因。

本书将这种发现和解决管理矛盾的思维方式称为"太极逻辑"，太极逻辑的根本在于实事求是，而实事求是最大的敌人则是教条主义。根据阴阳对立统一的原则发现矛盾，根据太极阴阳分化的演变规律找准解决矛盾的时机，根据中庸的置换思想以权衡利益相关方需求而得到矛盾的解决方案，是太极逻辑的三个基本支柱。

之所以强调"太极"二字，不仅在于中国人将矛盾的本质看成由阴阳两种既对立又统一的力量冲突而形成，更在于解决这些矛盾的时机在于太极阶段。关于"太极"的理解众说纷纭，大多是将其神秘化为类似于"道可道，非常道"这样的玄学。本书中"太极"的含义是从太极拳理中得到的启示，即认为太极是从混沌的整体到已分化为明显的阴阳两极之间的一个阶段，这个阶段是采取管理措施以解决矛盾的最佳时期，是最省力也是使矛盾的代表双方最容易接受解决方案的阶段。对太极阶段的识别和把握能力是评价拥有中国智慧程度高低的重要判断标准。

本书将项目治理作为主要讨论对象，讨论其需要解决的若干主要矛盾及解决这些矛盾的思想方法，帮助大家在项目治理实践中理解解决问题的中国式智慧，帮助大家在解决这些矛盾时更恰当地采用有经有权的中庸式策略，提高项目管理的可行性和有效性，促进项目管理和项目的成功。

首先，本书阐述了太极逻辑背后的基本辩证思想，即"数中有术、术中有数"、"道""术"结合、"阴""阳"相济的对立统一关系。不了解这些基本关系，就容易让人产生中国人做事"阳奉阴违""不诚实""不讲规则"等错觉。西方人在管理中很强调企业文化和管理制度，而中国人认为"潜规则"比这些"显规则"更重要，也更适合用来发现和处理因变化而带来的新问题。与自然科学家不同，管理者面临的矛盾根源来自各利益相关方目的、立场、资源等方面的差异，矛盾均与人有关。发现矛盾和解决矛盾都需要从"人"出发。管理工作很难有理想的双赢结果，更多的是"干净了一样东西就会弄脏另外一样东西"，管理者永远面临解决一个矛盾的同时又制造了另一个矛盾的尴尬局面，而中国式的"杀人安人，杀之可也；攻其国爱其民，攻之可也；以战止战，虽战可也""慈不将兵，义不掌财"等思想则会帮助管理者理解矛盾才是推动项目成功的动力；而"阴不离阳，阳不离阴，阴阳相济，方为懂劲"这样的太极拳理也能够帮助管理者理解中国人的"潜规则"，帮助大家认识到它们在管理实践被运用时的基本策略。

其次，本书围绕项目治理生命周期的基本阶段，将其作为不同矛盾的太极阶段，分别从发现项目机会、进行项目决策、建立与项目利益相关方合作的规制关系、监管项目的管理过程等方面阐释太极逻辑在其中的价值和运用。例如，在发现项目机会和项目决策时，提出了"势""节"结合的思想。"势"就是判断社会发展的大趋势以确定项目领域、项目机会，"节"就是判断启动项目的时机、节奏和商业模式。这种思想来自中国传统的政治思想和兵家思维。"大者时也、小者计也""智者善谋不如当时""善战者求于势而不责于人""借局布势，力小势大"等都是中国人发现趋势、抓住矛盾的法宝。

最后，本书针对项目治理的若干主要矛盾阐述了中庸式的解决策略。解释了太极逻辑在刚性的管理制度和柔性的领导艺术之间的平衡、转化形式和应用方法，展示了"阴在阳之内、不在阳之对""动之则分，静之则合。随曲就伸，无过不及""内圣外王""赏有功不专与，罚有罪不独及""水至清则无鱼，人至察则无徒""愚人难教，欺而有功""君子和而不同"等中国人千百年来积累下来的有效的中庸式处事为人智慧。

如果说其他有关项目管理和项目治理的书更侧重于"术"的话，本书则是更侧重于"道"；如果说其他有关书籍侧重于管理或治理招式的话，本书则是更侧重于管理或治理的内功；如果说其他有关书籍更像金庸武侠小说中所说的《九阴真经》的下卷的话，本书更像《九阴真经》的上卷。

本书不仅面向中国的读者，同时也面向国外的读者。在笔者十几年从事项目管理研究、咨询、教育和培训的生涯中，接触过数千个不同项目、企业、行业和政府机构的管理人员，大家经常游离于中西方管理文化之间，而没有更好地将两者结合起来。这不仅造成了管理过程中的"折腾"，而且造成了人内心的困惑和痛苦。本书希望能够帮助他们看到中国智慧中蕴藏的逻辑，而这个逻辑同时也有利于他们理解西方管理理论和方法，真正做到"知行合一"。因为"万物之生也，异趣而同归，古今一也"。

就像美食的评价标准离不开厨师和食客的文化背景一样，管理也与管理者和被管理者的文化背景密切相关。中国最普遍的美食是饺子，西方最普遍的快餐是比萨，这两者之间的差异或许可以代表中西方文化之间的显著差异。比萨将所有的美味放在外边，绚丽的色彩、诱人的香味等热切地、赤裸裸地向食客展示着自己的魅力。饺子则将所有的美味隐藏在色彩单调、淡而无味的面皮之内，你不咬破它根本无法尝到它的味道，甚至都看不见它的内容，"露馅"在中国文化中向来是失败的前兆。有的人喜欢吃饺子，有的人喜欢吃比萨，本来可以相安无事，但现代社会的发展经常需要包饺子的人和烤比萨的人一起创造一些新的美食。

不同文化之间的差异会造成管理理念、方法和体系的冲突，不了解文化之间的差异就难以在冲突发生时保持平静的心态，也难以找到解决冲突的途径。中国每年有数万人去美国、欧洲、澳洲学习，在中国的高级酒店里大多会有 HBO、NHK、BBC 等电视频道，许多外国朋友也在家里挂上中国画、学习太极拳、经常引用孔子和老子的一些名言。大家都希望了解彼此，都希望进行交流和合作。但是，这些文化的交流大多是在社会层面上的，或者是在文化层面上的，而不是面向商务和管理需要的。中国大量高校的 MBA 课程是基于西方管理思想和方法的，这有利于中国的管理人员了解西方的管理风格。但是，了解中国商业和管理文化的西方管理人员却不多。那些在国际学术期刊上发表的关于中国的管理论文因为其研究角度和方法是基于西方习惯的分析方法，所得到的结论经常将读者引入误区。这种中西方商业和管理文化理解上的失衡不利于彼此在商业和管理上的合作或竞争。

发展中的中国需要了解世界，世界的发展也需要了解中国，中国需要让世界了解中国。作为世界上人口最多、经济总量第二的国家，中国为世界提供了最诱人的市场和发展机会，没有任何国家和企业的发展希望将中国排除在外。同样，作为世界最大的发展中国家，中国拥有世界最为密集的项目，中国的发展很大程度上也得益于其各种各样的项目，这些项目需要国际先进技术、管理、资本、人才和信息的支持。换句话说，中国是世界的利益相关方，世界也是中国的利益相关方。大家需要彼此了解，才能合作共赢。即使是竞争，也需要知己知彼，才能百战不殆。

感谢在国际项目管理协会担任国际项目管理大奖终审委员及美国项目管理学会全球学位认证委员会（中国）常务理事期间的同仁们，他们包括来自瑞典的埃里克·马松（Erik Masson）、瑞士的玛丽·库廷切娃 （Mary Koutintcheva）、意大利的罗伯特·森（Roberto Mori）、俄罗斯的亚历山德拉·托布（Alexandra Torb）、印度的亚丁斯·贾恩（Adesh Jain）、荷兰的汉斯·范·维伦（Hans van Vieren）、德国的迈克尔·博克斯海默（Michael

Boxheimer）、中国的林少培等。与他们的交流使我对不同文化背景下的管理逻辑有了广泛的了解。同时，感谢我参与或评估过的来自印度尼西亚、罗马尼亚、尼泊尔、伊朗、俄罗斯、意大利、美国的大量项目的管理人员，感谢我任教过的湖南大学、上海交通大学、山东大学、西南交通大学和澳门科技大学、米兰理工大学及英国 Heriot Watt 大学的在职（E）MBA 学员们，他们的实践不仅给了我很多鲜活的项目案例，也对本书提出的太极逻辑进行了有效的印证。

感谢我的同事孙涛博士、孙华博士、李盈博士、王磊博士和博士研究生高少冲等，他们分担了我很多的日常事务，使我有更多时间进行思考。感谢山东大学国际项目管理硕士班来自加纳、几内亚、卢旺达、坦桑尼亚和巴基斯坦等国的学生们，为他们讲授项目管理课程的课堂是一个探讨和检验太极逻辑是否适用于不同文化的实验室。

也将此书献给我的妻子和儿子，感谢他们为我提供了工作的动力。

祝大家阅读愉快！

丁荣贵

2018 年 3 月于中国济南

目录 |

第1章

解决管理矛盾的太极逻辑

匠成舆者，忧人不贵；作箭者，恐人不伤。彼岂有爱憎哉？实技业驱之然耳。

——赵蕤《长短经》

管理者的重要工作是发现和解决各种难以直接运用现成的规章制度处置的矛盾，特别是人与人之间、人与组织之间存在的目的、立场、资源方面的矛盾。在某些特定的场合，管理者甚至还需要制造一些矛盾，让矛盾按照自己可以掌握的节奏产生，这样才有利于矛盾的解决而避免产生更严重的后果。矛盾不是客观的，不同人对矛盾的感知不一样。管理者需要解决的矛盾千差万别，仅靠"具体问题具体分析"这样具有指导性的方法论有时无法满足管理者的需要。太极逻辑是管理者用以发现和解决矛盾的依据，而是否掌握太极逻辑也是将管理工作与其他职业区分开来的一个判断标准。

解决管理矛盾需要掌握辩证逻辑

日本人小室直树（Naoki Komuro）在其撰写的《给讨厌数学的人》①一书中，将中国人之所以在科学技术领域存在不足解释为中国缺乏科技的基础逻辑，即形式逻辑。小室认为：形式逻辑的三大定律，即同一律、矛盾律和排中律，使数学成为精确的"神的教诲"，而精确的数学则是现代科技的基础。他认为，中国的逻辑是基于揣摩、臆测而巩固情谊的逻辑，其目的在于让别人接受自己的观点，而"绝对不是用逻辑把对方逼得走投无路"。小室并没有认识到中国人处事逻辑的根本特征。

形式逻辑在欧洲的创始人是古希腊的亚里士多德（Aristotle，公元前384—公元前 322 年）。亚里士多德建立了第一个逻辑系统，即三段论理论，其论述形式逻辑的代表作有《形而上学》和《工具论》。

> 形式逻辑的基础在于三大定律：同一律，即"A 就是 A"，"A 不是 B"；矛盾律，即"A 是 B"与"A 不是 B"不能同时成立；排中律，即"A 是 B"这个陈述要么是对，要么是错，不会有第三种可能，对错不能同时存在，对错以外的第三种可能性也不存在。

形式逻辑是自然科学的基础，换句话说，一个陈述的对错与陈述者的主观情感没有关系。相对形式逻辑而言，辩证逻辑要求用系统的、动态演变的观点看待问题，主张确定的范畴下有确定的真理。

---

① 小室直树著，李毓昭译，哈尔滨：哈尔滨出版社，2003 年。

德国哲学家黑格尔（Georg Wilhelm Friedrich Hegel，1770—1831 年）在其著作《逻辑学》中首先阐述了辩证逻辑的三大规律，恩格斯（Friedrich Engels，1820—1895 年）则将它从《逻辑学》中总结和提炼出来。

> 辩证思维也有三种基本规律：对立统一规律，即任何事物都有对立的两种矛盾，这两种矛盾相互依存又相互斗争，它们共同促进事物的发展；量变质变规律，即量变发展到一定的程度时，事物内部的主要矛盾运动形式发生了改变，进而会引发质变；否定之否定规律，即事物会在不断自我否定中成长[①]。

辩证逻辑不像形式逻辑那样通过一个没有矛盾的过程得到可靠和有效的结论，而是正视事物发展过程中矛盾的普遍存在性，把矛盾本身当作内容来研究。通过形式逻辑分析和论证得到的可靠和有效的结论，在辩证逻辑看来，要么是将问题仅仅放在量变的过程中得到的，要么是将问题放在系统的某一个局部得到的，要么是在系统的某一个特定的静止阶段得到的，要么是将各种矛盾中和后得到的。辩证逻辑承认真理的相对存在性，它在认为运动是绝对的同时也承认有相对静止的存在、承认将事物放在一个条件下存在绝对的正确性。

众所周知的"管理既是一门科学又是一门艺术"，这句话本身就隐含着辩证逻辑。

管理成为一门科学的一大障碍在于管理与人密不可分。与经济学将人作为一个抽象的、群体性的研究对象不同，在管理学的研究对象中，人是具体、独特的。虽然人对组织来说是最宝贵的资源，但人同样是最难以标

---

① 陈世清：《经济学的形而上学》，北京：中国时代经济出版社，2010 年。

准化的资源、是最具有不确定性的资源。人的"难以标准化"和"不确定性"的问题至今没有得到解决，而且在可见的将来，这个问题也解决不了。对于任何现有的管理方法、管理原则、管理理论等，我们都能很容易地找出一个甚至多个反例来证明它们不正确。在此前提下，用公式化的方法去研究管理问题的假设基础并不牢固，采用这种方法得出的管理结论也不会可靠。最典型的一种公式化方法是数学方法。尽管数学是最优美的科学语言，它可以简洁、精确、无歧义地表达人们的思想，但是，当这种科学语言与不精确的前提条件、不存在的基础环境，特别是和活生生的、具体的人混杂在一起时，期待其产生确定性的、所谓"科学的"结果将是不科学的。现在的很多管理研究成果以虚拟的假设、理想化的边界条件开始，以一系列简化的数学函数为工具得出的理论性结论难以落实到现实中去。这种以数学作为管理学的代言人、将管理学硬向数学靠拢以体现管理科学性的方式是值得管理研究人员警惕的。管理研究不应该成为数学学科的殖民地。

管理的艺术性考虑了与人的关联性，也正因为如此，我们常常发现在管理研究中会以某些专家、某些名人的话等作为研究的依据，这种以个体经验、个体判断力代替科学规律的研究方法同样值得人们警惕。当我们看到以"管理是一门艺术"为指导思想的研究成果时，我们可能会为那些成功的管理案例而喝彩，会对那些声名显赫的管理名家敬佩不已，但是，当我们试图将这些研究成果应用于自己的管理实践时，才发现它们确实具备艺术的特征——它们是不可复制的！迷信产生于认知的不足，当我们对世界的了解不够时，迷信就产生了。我们会通过一些鬼怪神奇来解释以我们的认识水平不能解释清楚的现象。正如迷信产生的根源一样，对管理认知的不足，使管理的艺术性有了存活的土壤。

除了对研究和实践产生了不良影响外，管理的"二分法"还对管理教育产生了不良影响，这种不良影响同样是长远的。依据管理的科学性来培养学生是高等院校培养管理类学生的主流方式，也正是因为如此，很多学生（特别是本科学生）在临毕业时会感到没学会管理，在就业时没有竞争力。依据管理的艺术性来培养学生是培训公司培养经理人员的主流方式，这些培训人员讲得滔滔不绝引人入胜，可惜的是听完以后很少有人能够学以致用，"管理的艺术性"有时候成了人们管理失败的借口。

如果说形式逻辑是基于自然界客观规律的、是科学技术的基础的话，辩证逻辑则是基于社会发展规律的、是社会管理发展的基础，也是管理者应该能够熟练运用的处事逻辑。或者说，当对辩证逻辑加以时间或其他约束条件时，辩证逻辑就变成了形式逻辑，形式逻辑只是辩证逻辑的一个相对静止、片段的特殊状态。形式逻辑是把概念、判断、推理看成固定不变的形式或格式，并以同一律为基础的思维方式，而辩证逻辑则是把概念、判断和推理看成变化的、发展的，正如恩格斯在《自然辩证法》中指出的那样，辩证逻辑是形式逻辑的发展与升华。诡辩论则否认相对静止的存在，否认在一定条件下存在绝对的真理。否认形式逻辑，就会使辩证逻辑陷入诡辩；否认辩证逻辑，就难以看到社会和真理的发展和变革。

植根于《易经》的阴阳辩证思想

中国人的辩证逻辑植根于《易经》，它是产生于中国本土的最古老的道家哲学，道家思想不仅仅起源于春秋时期的老子。李约瑟①（Joseph Terence Montgomery Needham）认为："中国人性格中有许多最吸引人的因素都来源于道家思想。中国如果没有道家思想，就像是一棵某些深根已经烂掉的大树""道家思想乃是中国的科学和技术的根本""（道家哲学）对中国科学史是有着头等重要性的"。有中华文化基石之称的道家哲学思想，还通过儒学、兵学及中国化佛学等而得以不同程度的体现。道家思想反映的是整个自然界之间的一些基本规则，而儒家思想则是反映人类社会，特别是人与人之间、人与国家之间、人与社会之间的一些规则。换言之，可以认为儒家包含在道家之内，而后世春秋末期以老子的《道德经》为标志的道家思想仅能反映中国道家哲学的一部分②。

《易经》被认为是中国的群经之首甚至是群经之始，是中华文化最重要的代表。《易经》中的"易"一般有三重含义③（见图1-1）。

第一种含义是"简易"，即简单、平易、容易的意思。正如孔子所言："乾以易知，坤以简能；易则易知，简则易从。"换句话说，《易经》主要讲的是把握天下万事万物最基本的规律，并且使用最简单的阴阳两个符号将其表达出来了。《易经》采用阴阳两个参数的排列组合来反映世界并预测事物的变化。这种简易的表达方式蕴含着欧洲辩证法的对立统一思想。按照《易经》的思想，现象界的一切事物，无论是物质的还是精神的，无

---

① 李约瑟（1900年12月9日－1995年3月24日），英国近代生物化学家和科学技术史专家，其所著《中国的科学与文明》（《中国科学技术史》）对现代中西文化交流影响深远。

② 正如美国管理学家哈罗德·孔兹（Harold Koontz，1908—1984年）认为现代管理理论仍处于"丛林"状态一样，关于道家、儒家的理念和边界之争在中国哲学史中一直没有断绝，也可用"丛林"状态来表示，可谓"仁者见仁、智者见智"。对本书来说，重要的不是对这些"丛林"进行分类，而是要找到一条走出这些"丛林"的道路。

③ 东汉郑玄在《易赞》《易论》中认为："易简一也，变易二也，不易三也。"

论是大还是小，无论是主观的还是客观的，都可以看成阴阳配合着在运作。现在人工智能得到人们的广泛关注，但是，人工智能要通过最基础的机器语言才能实现，而机器语言则是由 0 和 1 两个参数构成，这同样反映了《易经》中蕴含的简单的阴阳对立统一关系。这也许是一种巧合，也或许是人们从《易经》中得到的启示。

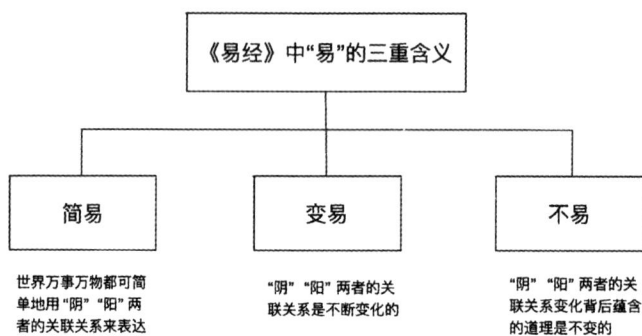

图 1-1 《易经》中"易"的三重含义

第二种含义是"变易"，即易经是讲变化的书。《易经》的英译名为"The Book of Change"，就是"变易之书"的意思。《易经》阐述的是变通和变革的道理，即所谓的"易穷则变，变则通，通则久。是以自天佑之，吉无不利"①。一阴一阳的变易观，在易学发展史上始终占有支配地位，没有变化就不是《易经》了。《易经》的哲学思想中所反映的"变化"不仅能够用后来的辩证法的"量变引起质变"和"否定之否定"来解释，而且它强调了变化的客观性和变化对社会发展的积极意义，并提出了促进变革的方式方法，即主动打破阴阳之间的平衡从而促进事物向新的阴阳平衡转化。

---

① 出自《周易·系辞下》。

第三种含义是"不易",即《易经》尽管讲的是阴阳之间相互转变的道理,但这些道理却是永恒不变的,即不易。《易经》之所以可以归结为一本哲学书,就是因为其中涉及的观念反映的是一些事物发展的根本规律,这些规律并不会随着时间或场景的变化而改变。换句话说,《易经》反映的是寓于一个个事物的特殊性之中的普遍性。在人们看待世界和处理问题时,如果看不到特殊事物变化中蕴含的普遍规律,如果缺乏稳定的价值观的指引,就会迷失在一个个具体的现象中。《易经》中蕴含的"不易"和"变易"同样是对立统一的辩证关系,正如宋朝理学名家程颐在《伊川易传》中所说:"易,变易也,随时变易以从道也。"

由上述分析可见,《易经》的核心在于将世间万象的变化趋势看成由"阴""阳"两个对立的基础单元组成的若干系统,这些系统按照对立统一内在关系演化而成。《易经》之所以能够被用来"预测"实际上也是从这些对立统一的矛盾中可以判断事物演变的趋势。《易经》就是一部阐述"变"与"不变"之间对立统一的辩证关系的文献,也是中国人预见矛盾、分析矛盾和解决矛盾的"圣经"。我们可以把《易经》作为中国式辩证逻辑的基础——利用阴阳这种最简单也是最根本的对立统一关系解释世界的变化和指导世界变革的学问。中国传统上的儒家、道家、法家、兵家、墨家等诸子百家大多是在《易经》的基础上衍生的。

辩证思维并不是中国独有的,但基于《易经》的中国式辩证逻辑[①]与西方的辩证逻辑又不尽相同,这种差异主要体现在以下两个方面。

第一,中国式的辩证逻辑更强调人的特殊性。

---

① 也有人用"辩证法"代替,尽管两者有若干区别,但不影响其本质特征,因而在本书中不做区分。

中国是一个充满人情的社会，人们判断对错并非完全依赖于客观事实，而是根据情、理、法三者结合的独特逻辑。相较于形式逻辑，中国人更擅长于采用基于对情势和利益综合权衡的辩证逻辑。

为了解释社会现象，必然需要考虑人的因素。西方的辩证逻辑是将人作为一个整体看待的，他们的社会治理体现了整体的规则和公平，而不太考虑个体的特殊性；而中国式辩证逻辑是将人作为整体和个体来动态平衡对待的。尽管西方人和中国人都提倡法律面前人人平等，但中国更强调人情，强调个人的特殊性，强调具体问题具体分析，强调公平性的主观感知而不是客观评价。也正是因为更强调个体的特殊性，中国式的辩证逻辑重视人对逻辑推理的接受程度，而不同人对同一种分析的接受程度会不一样，因此中国人更注重逻辑分析的展示方式，或者说游说方式。在中国的历史上，有很多专门论证游说方式的著作，如《鬼谷子》《说苑》《战国策》等。

从汇聚战国期间（公元前 475—公元前 221 年）策士们成功游说经典案例的《战国策》①中能够清晰发现中国人分析问题和解决问题的逻辑脉络：中国式的辩证逻辑与黑格尔等人提出的辩证逻辑相比，更侧重于对逻辑的运用而不在于逻辑本身的学理性和严密性。换句话说，中国式逻辑的重点不在于事实本身之间的关联关系，而在于人们传播与接收之间的关联关系，因而中国式逻辑具有很强的辩证性和主观性，它正好与管理的特性相匹配。

---

① 《战国策》是一部历史学著作。它是一部国别体史书，又称《国策》。记载了东周、西周及秦、齐、楚、赵、魏、韩、燕、宋、卫、中山各国之事，记事年代起于战国初年，止于秦灭六国，约有 240 年的历史。分为 12 策，33 卷，共 497 篇，主要记述了战国时期的游说之士的政治主张和言行策略，也可说是游说之士的实战演习手册。

没有事实本身，只存在它的传播方式。人们只生活在语言传播的世界中，传播决定了事实真相。语言作为一种传播方式，对事实真相会起到支配作用、改变甚至颠覆的作用。

谋略与口才相辅相成，互相促进。谋略是因，口才是果。谋略用来策划、找出解决问题的方法，而口才用来实现策划、通过说服别人直接解决问题。运用谋略与口才的根本在于对人性的把握上。

——黑石《谋略与雄辩宝典：战国策精华全解析》①

第二，中国式的辩证逻辑更重视变化的特殊性。

尽管西方辩证法中的量变引起质变定律和否定之否定定律也隐含着变化，但是中国式辩证逻辑则将这些反映变化的统一规律进一步具体化，更强调造成这些变化的特殊原因。

中国式的辩证逻辑是根据情势利益权衡而定的思维逻辑，是一种根据态势和特定情境下对 A、B 两种矛盾立场之间的利益权衡而做出取舍判断的思维逻辑。中国式辩证逻辑是充满弹性的，其体现形式是充满变化的。从表面上看，中国人缺乏逻辑，或者说逻辑混乱。

中国人常说的"凡事有经有权"也是《易经》中所谓"变通者，趣时者也"的体现②。《王安石全集·卷四十一·九卦论》所说的"（君子）其行尤贵于达事之宜而适时之变者也……辩义行权，然后能以穷通"，以及苏东坡在《东坡易传》所说的"神无适而不可故谓之变"，都反映了随时变易是人们面对变化时所应遵循的一个重要法则。

① 北京：中国戏剧出版社，2003 年。
② 《周易·系辞传下》。

正因为在辩证逻辑中加入了人对态势和特定情境利益的判断等主观变量，才使得中国式辩证逻辑变得更加丰富多彩，也变得更加扑朔迷离（见图 1-2）。这种基于情势的个性化判断会因判定者的心境而异。这些变数造成的逻辑过程不但外国人难以理解，中国人自己也容易出现逻辑和行为准则的混乱，给人造成"言行不一""口是心非""阳奉阴违""上有政策下有对策""马列主义都是针对别人的"等错觉。

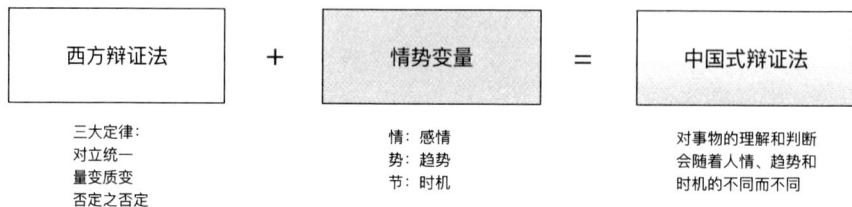

西方辩证法	+	情势变量	=	中国式辩证法
三大定律： 对立统一 量变质变 否定之否定		情：感情 势：趋势 节：时机		对事物的理解和判断 会随着人情、趋势和 时机的不同而不同

图 1-2　中西方辩证法的关系

中国人最推崇的《论语》①中所载的是孔子在特定场合和语境下与其弟子的问答。如果不顾当时的语境，盲目将孔子的这些判断作为永恒的人生指南，就会出现用孔子的一种观点来攻击孔子的另一种观点的情况。唐朝的赵蕤著有《长短经》②一书，其中专门有一章是谈"是非"，即史书中名人关于一些事物的相反观点。中国人既相信"人无远虑必有近忧""凡事预则立不预则废"，又相信"车到山前必有路、船到桥头自然直"；既要

---

① 中国春秋时期一部语录体散文集，主要记录孔子及其弟子的言行。它较为集中地反映了孔子的思想。由孔子弟子及再传弟子编纂而成。全书共 20 篇、492 章，首创"语录体"。南宋时，朱熹将它与《孟子》《大学》《中庸》合称为"四书"。

② 《长短经》又称《反经》，是一本实用性韬略奇书，由唐代赵蕤所著。它以唐以前的汉族历史为论证素材，集诸子百家学说于一体，融合儒家、道家、兵家、法家、阴阳家、农家等诸家思想，所讲内容涉及政治、外交、军事等各种领域，并且还能自成一家，形成一部逻辑体系严密、涵盖文韬武略的谋略全书。为历代有政绩的帝王将相所共悉，被尊奉为小《资治通鉴》，是丰富、深厚的汉族传统文化中的瑰宝。

求"战略上藐视敌人",又要求"战术上重视敌人";既提倡"疑人不用、用人不疑",又提倡"害人之心不可有,防人之心不可无";既认为"小谨者不大立",又认为"千里之堤毁于蚁穴"。其原因在于中国式的辩证逻辑是基于具体情势和利益的个性化判断。

"太极"是解决矛盾的最佳时机

中国人对其独有的辩证逻辑的运用主要体现在对各种矛盾的解决之上。中国人是解决矛盾的高手,同样也是制造矛盾的高手。因为其擅长制造矛盾,也就擅长解决矛盾;因其善于解决矛盾,也就善于制造更难解决的矛盾。

在中国人发现矛盾和解决矛盾的策略中无处不体现着辩证思维的运用。无论是儒家、兵家还是道家,无论是《六韬》《管子》《战国策》还是《孙子兵法》,这些用以解决政治、军事、经济和社会矛盾的中国传统典籍中无不渗透着《易经》中的辩证思想,无不在使用辩证思维解释世界、改造世界。

被中国人津津乐道的智慧常常被称为"计",而其中最典型的就是"三十六计"①。"三十六计"是基于中国式辩证思维的典范,也是《易经》中辩证方法运用的典型案例。"三十六计"的总纲中即说"数中有术、术中有数","树上开花"这一计中即说"阴在阳之内、不在阳之对",这些都体现了矛盾的对立统一关系;

① "三十六计"是指中国古代三十六个兵法策略,语源于南北朝,成书于明清。它是根据中国古代军事思想和丰富的斗争经验总结而成的兵书。

"李代桃僵"中的"势必有损，损阴以益阳"又是典型的否定之
否定规律的体现；"瞒天过海"中的"备周则意怠、常见则不疑"
则是量变到质变规律的体现。

正如上文所言，中国式辩证思维除了符合通常的辩证思维三大定律
外，还加了两个特殊的、反映情势变量的词——"势"和"节"。"势"是
指趋势，也可用"时"来表示；"节"是指特定的时机、节奏，也可用"机"
来表示。"节"蕴含在"势"中，是"势"的一个特定节点，因而也可将
"时机"合为一个变量来对待，"时机"是避免矛盾由量变演变为质变的阀
门。《孙子兵法》上讲，用兵要"势如扩弩，节如发机""善战者，其势险
其节短"，这里的"势"就是"时"，而"节"则是"机"。管子①强调的"圣
人能辅时不能违时，智者善谋不如当时""三十六计"总纲中强调的"机
不可设，设则不中"说的也是时机的重要性。

很多人对中国功夫有浓厚的兴趣，最直接、简单理解中国人如何运用
这种辩证思想来解决矛盾的途径是学习太极拳。西方最普遍的武术是拳
击，它是典型的外家功夫；太极拳是中国国粹的一种，也是中国技击功夫
中最有代表性的一种内家拳②，太极拳中的"虚实结合""四两拨千斤""阴
阳相济"等要诀无不体现着中国式辩证法的精髓。尽管顶尖高手总是融合

---

① 管子（公元前723—约公元前645年），名夷吾，春秋时期齐国著名的政治家、军事家，
辅佐齐桓公成为春秋时期的第一霸主。
② 中国拳术分为"外家"和"内家"两种，其概念源于黄宗羲的《王征南墓志铭》，大体
以该拳法在练气和练筋骨皮中以何为重来区分的。练气（以意导气，以气引领四肢百骸）
重于练筋骨皮的拳法叫作内家拳法，它的任何招式都是以用意领先，拳脚随后，更讲究
以柔克刚。练筋骨皮（先强筋壮骨，增加打击力度和抗击打能力）重于练气的拳法叫作
外家拳法，它更讲究以力量和速度克敌，以招式为先。外家功夫是以自身的力量来胜过
对方的力量，而内家功夫则是更侧重用对方的力量来配合自己原有的力量以形成一种
新的力量来取胜。

了内外家功夫的精髓，但是，侧重点会有不同。中国式管理智慧大体是以内家精髓为基础的。以权力、制度等显规则来管理的方法可以看成外家功夫，而以人格魅力、道德、领导艺术等潜规则来影响人员的策略则可以看作内家功夫。

太极拳理很容易体现中国式辩证思维中"时机"这个变量，也很容易体现辩证法中的质量互变定律。明朝万历年间的内家拳高手王宗岳著有一篇《太极拳论》，是学习太极拳者的必读资料。按照王宗岳的观点，"太极者，无极而生，动静之机，阴阳之母也"，也就是说，"太极"是采取行动的时机，这个时机是在"无极"即将分为"阴""阳"这个两仪状态的短暂期间（见图 1-3）。

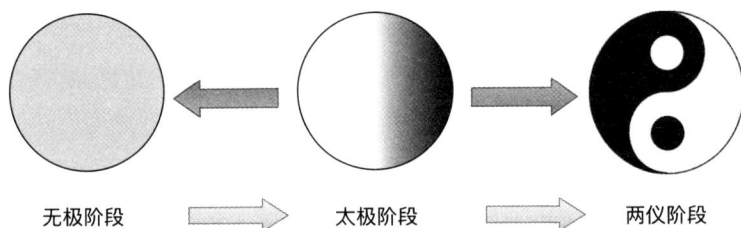

无极阶段   太极阶段   两仪阶段

图 1-3 无极、太极和两仪的关系

"无极"可以表示一个整体。这个整体尽管看起来是和谐的，但其中必然蕴藏着两种矛盾，即"阴"和"阳"。和谐是相对的，矛盾是绝对的。"阴"和"阳"是对立统一的关系，正如典型的太极图所示，"阴在阳之内，不在阳之对"；"阴""阳"之间的否定之否定，双方力量之间此消彼长的互换，产生了事物的波浪式或螺旋式发展；"阴""阳"之间又会因势力变化而出现"过犹不及"这样的质变。例如，农民在起义成功后做了统治者时就会产生统治者的思维和行动方式。"阴""阳"还未出现分化时，它们呈现为同一状态，矛盾似乎不存在；但当"阴""阳"已经出现明显的分化，形成明显对立的"两仪"时，量变已经引起质变，此时再解决矛盾就为时已晚，即使最终能够解决，也至少会失了和气，并且会造成以后更难解决的矛盾。因此，解决矛盾的最佳时机是处于"无极"和"两仪"之间的"太极"阶段，这个阶段矛盾似有还无，因此最能借力打力，彼此不至于撕破面皮，不会失了面子，因而矛盾容易解决，也给彼此讨价还价获得各自的利益留下了很多回旋的余地。太极拳倡导的"四两拨千斤"的诀窍也在于找准这个时机。

> 人们常见的太极图尽管能够形象地表明一个整体是由阴阳两部分构成并且这两部分具有彼此交错、相互包含的特点，但其实质表示的已经不是太极阶段而是两仪阶段了。在这个阶段，矛盾的双方已经公开了对立的立场，也增大了解决矛盾的难度。

太极阶段的捕捉和利用不仅需要人们对大势有正确的把握，也需要人们有很强的决断能力和很快捷响应速度，而发现矛盾和解决矛盾水平的高低本质上是由人们能否发现和把握矛盾演变的太极阶段决定的，因此，本书将用以发现和解决矛盾的辩证逻辑定义为"太极逻辑"。

基于太极逻辑，认为事物发展的理想状态是由混沌到太极之间不断往复的过程（见图1-4），解决矛盾的高手需要在矛盾还未被普通人所感知之前就能够将其化解，这时候需要花费的力量最小、解决的效果最好。等到矛盾已经激化、众所皆知时，解决起来就很困难，即使解决了也会留下后遗症。《孙子兵法》中的"上兵伐谋，其次伐交，其次伐兵，其下攻城；攻城之法为不得已"说的也是这个道理。

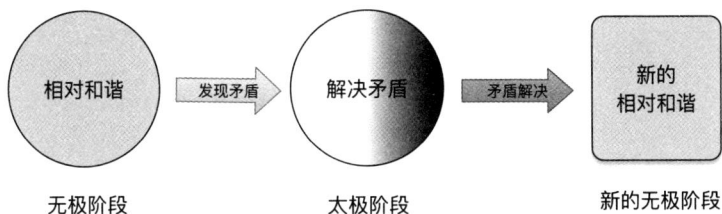

图 1-4　最理想的事物发展状态

> 太上，不知有之。其次，亲而誉之。其次，畏之。其次，侮
> 之。信不足，焉有不信焉。犹兮其贵言。功成事遂，百姓皆谓我
> 自然。

——老子《道德经》

不了解"势"就无从判断"节"，因为"节"只是"势"的发展路线上的一个拐点。只有先了解了整个系统（混沌的整体）的演变趋势，才能够看清时机的所在，才能够采取因势利导的解决方法，做到"四两拨千斤"。"四两拨千斤"并非单纯表明以弱能够胜强，而是强调关键在于找到对方的弱点，这样即使自身的力量较弱也会以多倍于对方局部的力量去压制或约束对方，这就是毛泽东在游击战中提出的"集中大力打敌小部"这种以弱胜强策略的秘诀所在，也是中国人为什么习惯于系统思考、讲究"大处着眼、小处着手"及强调"过犹不及"的原因。

解决管理矛盾的方法在于中庸

中国人做事不愿意走极端，不愿意通过让人丧失颜面的方式来解决问题。儒家的中庸①思想对中国人影响很深，甚至中国的国学大师林语堂都将中庸看成中国人处事智慧的代表②。在儒家看来，中庸是经世治国和治民的大道。所谓"中庸"，是指"不偏之谓中，不易之谓庸，中者天下之正道，庸者天下之正理"③，也就是在明晰事物发展的规律后，要尽量采取不走极端、兼顾各方利益的方法才能更好地解决矛盾。

任何矛盾都需要依靠和发挥某种力量才能解决，这些力量可以实化为材料、器械和设施，也可以虚化为权力、情感和文化，它们都是解决矛盾者需要掌握的资源。按照太极逻辑来分析，这些力量可以通过"一分为二合为三"的中庸式辩证方法来获得。

"一"是指一种矛盾，即在任何一个混沌的系统中，尽管可能有多种矛盾存在，但其中总有一个主要矛盾，也总有这个主要矛盾的主要方面。运用太极逻辑解决管理问题的第一步是发现系统中存在的主要矛盾和这个矛盾的主要方面，以找出管理的着力点。找不到主要矛盾，就是在分散管理者的精力，产生"眉毛胡子一把抓"的现象，造成事倍功半的结果④。

> 事物内部的矛盾，是事物存在和发展的根据，复杂事物包含着许多矛盾，其中主要矛盾是该事物存在和发展的主要根据，它决定事物发展的方向，规定和影响其他矛盾的存在和发展。

---

① 《中庸》为儒家思孟学派的代表著作，原为《礼记》之一篇，一般认为它出于孔子的孙子子思（公元前 483 – 公元前 402 年）之手。"中庸"并不是无原则的"和事佬"和无所作为，而是在坚守就是要以人的内在要求（人性、本心）为出发点和根本价值依据，在外部环境（包括自然的和社会的环境）中寻求"中道"，也就是使内在要求，在现有的外在环境与条件下，得到最适宜的、最恰当的、无过与不及的表达与实现。

② 林语堂：《孔子的智慧》，北京：群言出版社，2010 年。

③ 见《礼记·中庸》。

④ 在西方管理学中，也有很多类似的认知："木桶原理"就是一个例子，而 Eliyahu M.Goldratt 提出的 Theory of Constraints 及其系列管理小说更是基于这种思想。

抓住并解决主要矛盾，可带动和促进其他矛盾的解决。

抓住主要矛盾对全部问题的解决，是带方向性的关键。

——毛泽东《矛盾论》

管理的矛盾归根结底是人与人之间的矛盾，尽管有些矛盾看起来来自资金方面、技术方面、设备条件方面，但是，这些表面的矛盾背后都是人的问题，都是组织与组织之间、组织与个人之间、个人与个人之间在需求、价值观、角色立场等方面的矛盾。换句话说，资金、技术、设备本身不可管理，可管理的只能是人的行为，资金、技术和设备等问题的解决最终要通过解决组织与组织之间、组织与个人之间、个人与个人之间乃至于个人内心的矛盾来实现。对管理者来说，矛盾是主观的，它不仅因人而异，甚至同一个人在不同时期、不同岗位上对矛盾的认识也是不一样的。

复杂事物当中总是有多个矛盾交错在一起的，不同的组织层面和不同的时间阶段会有不同的矛盾，期待只存在一种矛盾和矛盾解决完后就能够一劳永逸的思想是不现实的。从和谐到矛盾再到和谐这种非线性的、螺旋式进步的过程是组织发展的一般规律。

一种主要矛盾的发现，需要找到两个代表性的组织，或者说代表性的个人。我们在做生意时，并非和一个企业、一个学校、一个政府部门打交道，我们是和活生生的具体的人在打交道。如果不能将笼统的矛盾具体化为人和人之间的矛盾，矛盾就显得过于复杂，解决起来也就失去了抓手和判断标准。

"二"是指构成矛盾的阴阳对立统一的两股力量。按照太极逻辑的辩证思想，任何矛盾都可以简化为阴阳两个对立的方面。在管理矛盾中，常见的阴阳对立统一关系包括组织和个人、奖励和处罚、自由和纪律、效率和效益、政府和企业、股东和经理层、劳方和资方等矛盾。在这些矛盾背后隐含着各自的驱动力，它们或者来自利益需求，或者来自价值观和角色立场等方面。换句话说，矛盾往往是表面现象，矛盾的背后隐含着不同的动力源，只有找到这些动力源，才能找到可以被管理的对象。与发现主要矛盾相似，造成矛盾现象的驱动力也会有多种来源，管理者需要按照阴阳对立统一的思想抓住主要的两股力量来源，这样才能避免将有限的资源和时间耗费在一些细枝末节上，才能起到事半功倍的效果。

解决矛盾的力量来源固然可以是财力甚至武力，但是，这些力量归根到底是来自矛盾双方代表人之间人性的驱动力。"资源"一词的含义并非是指某人拥有多少客观的资产、人数、装备，而是一个主观的基于理性的利益权衡和感性的情感决策综合起来的 "效用"。就像核武器，尽管几个核大国之间有时会秀秀肌肉，数数自家有多少颗核武器，但是，一个无序的恐怖组织只要拥有一颗原子弹就有可能在解决矛盾的主动权上超过拥有几百颗原子弹的法治国家。

人们在决策时依据的理性利益权衡和感性情感也有着对立统一的阴阳矛盾关系，利益权衡为阳，较容易分析和判断，而感性的情感因素则为阴，需要对人性和决策者的具体情况有深入的了解。在解决矛盾时，需要重视矛盾双方的感性因素。

人性是复杂的，在中国历史上有关于人性的不同假设①。但实际上，

---

① 春秋战国时期（公元前 770－公元前 221 年）有两个代表性的假设，即孟子的 "人性本善" 假设和荀子的 "人性本恶" 假设，这两种不同的假设产生了两者不用的治国思想：以德治国和依法治国。事实证明，单纯的以德治国和依法治国都存在严重的问题。到了明朝，王阳明（1472—1529 年）提出人的本性是 "无善无恶心之体" 的假设，从而提出了 "知行合一" 的解决策略。但总体上看，王阳明的学术还是偏向儒家，强调激发人性的善念。这三种典型的假设可能也是中国历史上以德治国和依法治国相比总体上占于上风的原因。

人性可以认为是先天性和后天性的结合。先天性的人性进一步可以推演到人是一种动物，尽管与其他动物有很大的不同，但人本质上仍然是一种动物，因此，人的动物性不可忽视。动物性的根本在于为了生存和繁衍而产生的本能行为，可以将其概括为"趋利避害"。后天性的人性是人们受教育和在社会中体验到并逐步固化下来的潜规则性的"本能"习惯。不同的文化背景和制度环境等会对人们的后天性人性产生影响，对中国人来讲，可以简单地用"面子"二字来代表。"面子"既是自我感知的尊严，也包括被他人感知的甚至反馈回来的尊严和尊重。中国人的"关系"既是体现"面子"的一种存在，也是发挥"面子"价值的途径。人性中的先天性和后天性同样是既对立又统一的矛盾。

"三"则有两种含义：一种是权衡和利用形成主要矛盾的两种主要力量而产生的第三种力量，这种力量不仅能够有效解决这个矛盾，也能够使造成矛盾的双方能够接受解决办法；另一种是利用第三方介入来解决这个矛盾，这个第三方可能是人，也可能是时间或空间。

最常见的形成和利用第三股力量来解决矛盾的策略是置换法。矛盾的发生大多是由资源（有形的和无形的）的局限性造成的。决策的根本在于取舍，如果不存在资源的限制，人们可以占有所有的东西，这样也就没有矛盾了。取舍之间产生了矛盾和博弈，但是，这个矛盾有一个前提假设：在一个固定的系统内人们会面临资源的局限性。所以，当不能消除"资源的局限性"时，我们可以修正"在一个固定的系统内"这个假设前提来解决矛盾。所谓置换法，就是以空间换时间、以无形资产换有形资产等。在第二次世界大战中，中国人通过采取"以空间换时间"的持久战策略赢得了战争最后的胜利；在对外关系上，中国人经常采取以市场换取政治支持的方式来赢得他国的支持；在企业发展过程中，中国企业擅长采取以利润换市场空间的策略。《太极拳论》中的"粘即是走，走即是粘，阳不离阴，阴不离阳，阴阳相济，方为懂劲"讲的也是这个道理。

　　按照中国当代著名哲学家庞朴先生的说法，运用中庸的方式来解决 A、B 这两种矛盾关系的方式有 4 种①。

　　第一式：A 而 B，即立足于 A 兼顾 B，以 B 来补 A 的不足。如"如温而厉""绵里藏针"。

　　第二式：A 而不 A，即明里是防 A 的过度，暗中却以 B 来扯住 A，是 A 而 B 的反面说法。如"威而不猛""乐而不淫"。

　　第三式：亦 A 亦 B，平等包含 A、B，是 A 而 B 的扩展。如"能文能武""亦庄亦谐"。

　　第四式：不 A 不 B，超出 A、B 而上之，是亦 A 亦 B 的否定说法。如"不亢不卑""无偏无颇"。

庞朴先生是从儒家辩证法视野，也即中庸的思想来看待矛盾的，他将其定义为"一分为三"的辩证法。无论是以上哪一种方式，都是避免激化矛盾的方式，都是给 A 和 B 双方留有面子、给自己留有回旋余地的方式。

中国面子社会的维护很大程度上得益于这种逻辑。只有在极端冲突的情况下，中国人才会采用第五种方式，即 A 而非 B。这是排中律的另一种体现，如"宁为玉碎不为瓦全""不共戴天"等。这种"亦此亦彼"而又"非此非彼"力量让人产生了中国文化不可捉摸、思考逻辑上矛盾重重的错觉。

中庸的解决方案是否有效的前提在于能否在太极阶段来解决矛盾，错过了这个时机，可能就只能以极端来应对极端了，这不是管理者追求的最

---

① 庞朴：《浅说一分为三》，北京：新华出版社，2004 年。

佳效果。孔子的"执其两端，而用其中于民"说的也是这个道理。"得饶人处且饶人""兔子急了还咬人"等民间说法也体现了这一点。

除了需要把握好太极这个最佳的矛盾解决时机外，中庸的忌讳在于刻板狭隘，即固守在线性、一元的维度中，而不会使用时空转化、物质和精神转化等在非线性、多元的维度中变通的方式，更没有意识到中庸也会是个动态的过程。在某个相对静态的情境或较短的时间段内，中庸可能表现为极端的形态。中庸不是四平八稳、刻意追求局部公平，而是在整体上兼顾各方、在局部上追求效率的（见图 1-5）。刻意追求中庸、事事追求中庸、在一个维度上寻求中庸的做法是教条的，也是不讲求实事求是的。

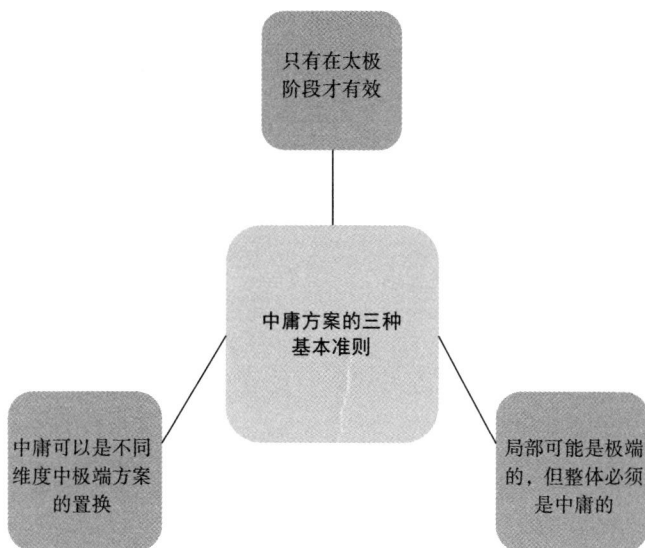

只有在太极
阶段才有效

中庸方案的三种
基本准则

中庸可以是不同
维度中极端方案
的置换

局部可能是极端
的，但整体必须
是中庸的

图 1-5　运用中庸方案的基本准则

按照太极逻辑隐含的中国式辩证思维，对立统一规律中的"对立"是解决矛盾的起源，而"统一"才是解决矛盾的结果，这也是有人认为中国式辩证法是"和谐辩证法"的原因①。这第三种力量的规则及其运用时机和方式是中国管理智慧的体现。

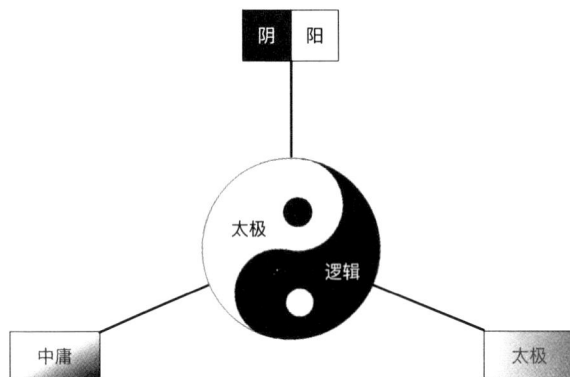

图 1-6   太极逻辑的三个支撑点

太极逻辑的三个关键词分别为"阴阳""太极""中庸"。概括起来说，太极逻辑认为和谐的整体是相对的，任何一个和谐的整体都蕴含着绝对的阴阳两种既对立又统一的矛盾，解决这些矛盾的判断标准在于对矛盾演化趋势给矛盾双方带来的利益或损失的权衡，解决矛盾的时机在于矛盾双方力量的演变趋势中还没有出现明显分化的太极阶段，而借助矛盾双方自身的力量互动或借助第三方力量所得到的中庸方案则是解决这些矛盾的策略。

---

① 章楚藩：《易经与辩证法杂说》，杭州：浙江大学出版社，2008 年。

第 2 章

项目的价值伴随矛盾而存在

矛盾是事物发展的推动力。

——毛泽东《矛盾论》

社会充满矛盾，矛盾既可能促进社会的发展进步，也可能导致社会的动荡衰退。管理者的主要工作是发现和解决管理工作中的各种矛盾，不能发现和解决矛盾，管理者的价值就会大大降低。项目伴随矛盾产生，项目之所以存在、之所以有价值，是因为以前的运营方式不足以解决新的矛盾。在政企合作项目之间、在企业的股东和经营者制定项目决策时、在项目治理者与项目管理者之间都存在着大量的矛盾需要解决。发现这些矛盾、理解这些矛盾的产生原因，并使其在激化前得到有效解决是项目治理的主要工作。

政企合作项目的矛盾

很多大型项目都离不开政企双方的合作，完全摆脱政府介入的所谓的纯自由市场经济下的大型项目是很少见的。政府和企业之间存在着天然的对立统一关系，两者彼此依存，又立场不同。政府官员或者是企业经营人员如果不能了解和解决这些矛盾，彼此都会产生损失，也会给社会带来不安定的后果。

任何一届政府，为了维护其执政地位都需要促进国民经济的发展，而促进国民经济发展最有效率的组织就是企业，因此，政府离不开企业；而一个企业在很小的时候可能受政府政策、法规的影响不大，但是当企业发展到一定规模，企业的雇员人数达到一定数量、市场范围涉及多个地区和国家时，企业对政府的依赖性就很强。所有的大企业在某种程度上都是公众型企业，它们的经营状况、管理能力和产品质量会影响到千家万户，所以大企业需要承担更多的社会责任。

很难简单地认为是自由市场经济好还是垄断的计划经济好，正如我们很难孤立地认为是公平重要还是效率重要一样。公平和效率之间也是一对阴阳对立统一的矛盾关系，同时具有完美的公平性和效率水平只是一种理想状态。在现实生活中，公平和效率之间谁是主要矛盾会因一个国家、地区甚至企业内部主要矛盾的变化而相应地变化，不能把适合于一个国家的优先方式教条地套用或强加到另一个国家身上。

与政府和企业之间存在相互依存关系一样，政府和企业之间也存在着各种各样的矛盾。从总体上看，政府需要维护社会的公平，但是企业没有垄断和效率则难以保证足够的利润；政府的一项重要职能是弥补市场经济的不足，而企业则是要在政府制定的政策法规内尽可能寻找对自己有利的漏洞；政府鼓励企业创新是为了促进社会的进步，但企业鼓励创新则是为了形成相对的垄断而增加企业的盈利能力。政府不能寄希望于作为营利性组织的企业能够依靠自身的道德品格来约束自己的行为以符合大众的愿望，完全放手于市场调节的政府是不负责任的；与此同时，企业不能将自身的发展希望寄托于依赖政府垄断资源和政策的关怀而忽视了企业与事业单位或其他非营利机构的边界，只梦想公平而不能做到局部垄断的企业家同样是不负责任的。

在当今中国，最能反映政企之间阴阳对立统一关系的莫过于政府利用社会资本进入项目领域，即出现公私合作（Public-Private Partnership，PPP）项目①。PPP 是一种合作建设和经营模式，在该模式下，鼓励私营企业、民营资本与政府进行合作，参与公共基础设施等具有社会影响性的项目建设和运营。

> PPP 项目自 20 世纪 80 年代被引进中国以来一度处于不温不火的状态。但随着地方政府债务压力加大，国务院在 2014 年发布了《关于加强地方政府性债务管理的意见》，为 PPP 项目的火爆进行预热。随后，财政部和发改委相继颁布了自己对于 PPP 项目的操作指南和指导意见，并分别开设了 PPP 项目库。由此，PPP 项目在 2015 年开始急速增长。
>
> 然而，伴随着国家相关政策的指引和推进，PPP 项目却并没

---

① 严格说来，PPP 是一种合作方式，这种合作尽管有其时间期限，但其中大部分时间段并不是以项目为主要特征的，因此不能简单称为 PPP 项目。本章为便利起见暂不做区分，后文还会对此进行说明。

有达到预期的效果，甚至出现了"只叫好不叫座"的现象。在民间投资低迷的当下，PPP 作为民间资本参与社会投资的重要途径，没有发挥明显作用的现状，也受到了中央政府的重视。

据财政部 PPP 中心的数据显示，截至 2016 年 5 月 12 日，全国各地政府推出的 PPP 项目共有 8043 个，项目总金额达 93103 亿元。但目前真正落地的项目仅占 22%（据 2016 年 7 月 26 日中国 PPP 网 www.cnppp.net 的资料）。

2016 年 5 月 30 日，财政部、发改委联合发布《关于进一步共同做好政府和社会资本合作（PPP）有关工作的通知》，部署七大举措推动 PPP 的发展，并表示要充分挖掘 PPP 项目后续运营的商业价值，鼓励社会资本创新管理模式，提高运营效率，提高项目收益。

PPP 项目为什么没有收到预期的效果，特别是民间资本（非国有资本）投资没有发挥明显作用的原因需要从政府和企业（在中国尤其是针对民营企业）之间存在的矛盾中去寻找。PPP 中政企之间的典型矛盾如图 2-1 所示。

第一种矛盾：政府希望在财政问题上解困，而企业则是希望通过特许经营等获得高额利润。

中国各地方政府之所以大力推进 PPP 项目，与地方政府的负债率居高不下有密切的关系[1]。由于立场不同，政企双方对 PPP 项目的期望值和对

---

[1] 中国社会科学院李扬领衔研究的《中国国家资产负债表 2015》一书（北京：中国社会科学出版社，2015）的数据表明，2012 年年底全口径地方政府负债率为 30.6%，债务率为 112.8%。考虑到从 2012 年数年间，地方政府债务余额的增幅远远高于地方政府 GDP 和综合财力的增幅，可以推断出 2015 年地方政府负债率远远高出 30.6%，债务率远远高出 112.8% 的水平。2015 年年底，全国人大常委会审议国务院关于规范地方政府债务管理工作情况的报告显示，100 多个市级、400 多个县级的债务率超过 100%。

待方式也不一样。

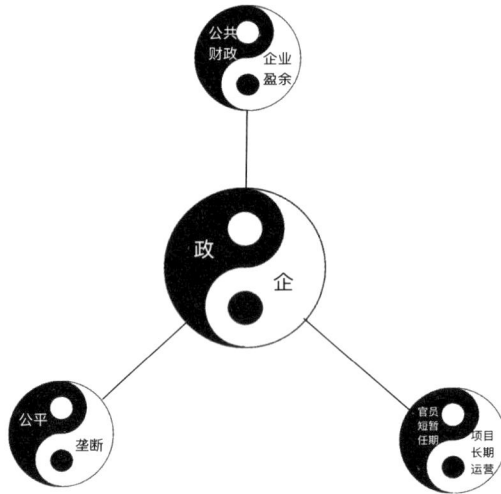

图 2-1　政企之间在 PPP 项目上的矛盾

政府对待财务报表的理解方式是：

$$所有者权益＝资产－负债$$

而企业对财务报表的理解方式则是：

$$资产＝所有者权益＋负债$$

也就是说，政府期待着及时变现，以满足其财政税收的需要，而企业则希望增加其资产总量，不希望多交税金。

第二种矛盾：政府官员的政绩是短期的任期制，而企业投资回收期则需要跨越多个任期和多届官员。

中国大多数官员都会在 10 年之内调换工作岗位，特别是对那些政绩突出的“能吏”来说，岗位调动或升迁更频繁。政府官员希望在自己的任期内能够促成 PPP 项目的落地，希望 PPP 项目能够给自己的政绩加码。

与此对应，PPP 项目的合同周期一般会在 15 年以上，在这么长的时间内，后续接任的政府官员从 PPP 项目上如果难以找到新的政绩点或者不仅没有新的政绩点反而需要解决项目实施和运营中的各种问题时，他们对 PPP 项目的兴趣和支持力度就会降低，新领导不认旧领导的账这种情况是屡见不鲜的。

随着技术等因素的变化，15 年或更长的项目周期内会发生很多相应的变化，这些变化也可能会被政府作为"不可抗拒外力"来对待，届时企业很难获得初始合同规定的利益。对于国有企业来说，因政府（或上级政府）本身就是其所有者，所以对这些情况还不太敏感，即便是出现不如愿的情况，无非是企业高管调离、降职或解聘，但企业本身会受到政府的保护。对于民营企业来说，则可能是企业破产。国有企业的管理者和企业的命运可以分开，但民营企业的管理者和企业常常是命运共同体。这种矛盾如果不能很好地解决，自然会产生民营企业的观望，使 PPP 项目由 Public-Private Partnership 变成 Public-Public Partnership。

第三种矛盾：政府希望 PPP 项目保持对社会的贡献，而企业则更倾向于提高项目盈利的效率。

PPP 项目一般是那些涉及大众民生的、在某种程度上（地域、市场等）有垄断性的项目。垄断产生高额利润，这是吸引以营利为目的的企业投资的重要原因。但是，垄断同样意味着企业可能会站在广大民众的对立面，当出现利益、安全等方面较大的分歧时，政府的主要矛盾会由解决财政问题转到平息民众不满上来，牺牲一些企业的利益是常见的解决办法。

这些矛盾如果不能被正确预见，不能够在项目决策、执行和运营过程中予以解决，PPP 项目的"叫好不叫座"现象就依然会存在。尽管国务院可以通过督查等手段使地方政府官员兑现其对民间投资者的承诺，但如果这些矛盾没有在太极阶段解决，在上级政府督导下（已经到了两仪阶段）的政策会抓住一切可能的机会进行反复，民营资本反而会在后续十多年或更长的时间内遭到更多不确定性的不公平待遇。"民不和官斗"是千百年来老百姓的生存法则，这个法则在 21 世纪依然值得民营企业重视。

企业项目决策的矛盾

企业的股东和经营者在立场、利益、安全感等方面会存在矛盾，这些矛盾使企业或企业经营者在发起项目，特别是企业重大投融资项目决策时会面临很多问题。

这些矛盾主要体现在以下三个方面（见图 2-2）。

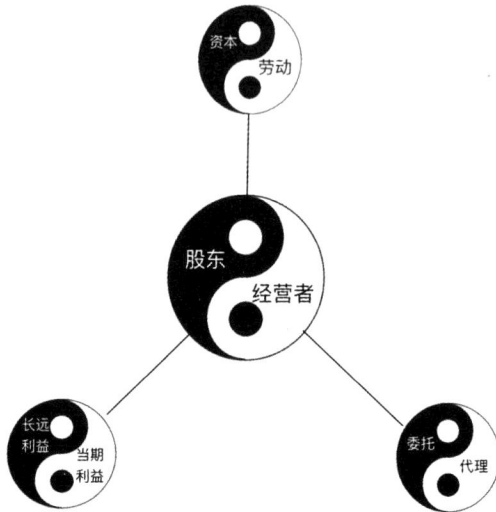

图 2-2　企业股东和经营者之间的常见矛盾

第一，对项目价值贡献究竟是来自劳动还是来自资本方面存在着不同的认知。

企业股东和经营者对企业价值贡献的判断标准不同。"劳动创造财富"是中国长期以来被广大老百姓习惯的说法，也有很多经典名言如"天道酬勤"等来佐证这个说法。但是，劳动只是创造财富的一个要素，甚至经常不是最重要的因素。企业股东倾向于资本创造了财富而经营者则更倾向于劳动（特别是高层管理人员的智力劳动）创造了财富。对"企业成功了功劳归谁"以及"企业失败了责任归谁"的不同看法常常是股东和经营者之间存在的矛盾。当矛盾冲突到一定程度时，小股东可以"用脚投票"，而大股东则会用手投票，这时候经营者也可能会利用社会舆论迫使大股东有所顾忌和采用联合若干股东的方式在斗争中获胜，但如果这两种方式利用不好经营者常常会黯然退场。

一个项目得以存在，既需要决策者给予知识、信息、直觉等方面的判断，也需要资金、人员、技术等资源方面的支撑。在社会中，有高收入人群和富人之间的区别。前者尽管收入较高，但这些收入主要来自自身高附加价值的劳动。无论是智力劳动还是体力劳动，不劳动、不工作就不会有高收入。企业经营者等职业经理人属于这类人群。他们需要去收集项目信息、需要去判断项目的可行性、需要去管控项目执行的风险、需要去产生项目成果。对于富人来说，他们主要是提供资金，资金是能够和他们的智力和工作时间分离的，他们可以在度假甚至花天酒地的同时赚取项目利润。这看起来很不公平，但项目得以存在的要素之间并非以公平来作为项目利益分配的依据，而是以对项目的重要程度作为分配依据。当资金成为项目得以存在的不可或缺因素时，它就有了分配项目利益的判断权力。在为了使项目得以启动之时拼命争取资金，而当项目取得效益时却忘记资金的必要性同样是不公平的。如何衡量资金和劳动对项目的贡献度以决定项目利益的分配是一个难题。

第二，项目决策的依据方面，主要体现在项目成功的判断标准是当期利益还是长远利益。

有时候人们喜欢用企业的"所有者"来代替股东，但是，本书宁愿将这两者区分开来。所有者不仅拥有企业的产权、股权，而且对企业有更多的感情。对企业所有者来说，企业是活生生的整体，股票是企业的一个构成部分；股东则是企业股票的持有者，他们依靠股票的份额和股票交易来分享企业的价值。在中国，"炒股"这个词很传神，其重点不在于持有股票，也不在于股票背后的企业经营状况如何，而在于"炒"。对股东来说，股票和企业是可以分割开来的两码事。

企业经营层作为雇员很自然地期望在其聘期内得到合理的经济回报，不仅如此，热衷于炒股的小股民们更是将公司的股票作为一种不定价流通的商品，甚至一些公司的大股东也并不考虑公司的长远利益而只是希望通过在股票市场上融资和套现而实现所谓的盈利。这些很自然的期望和行为与真正的企业所有者有很大的差距。

经营层等职业经理人有聘期绩效指标，他们会随着业绩完成的好坏被企业所有者决定薪酬或去留，指望职业经理人考虑企业的千秋大业是不切实际的。即使是企业的所有者，在企业上市后，他们的决策也会随着股票价格的波动而调整，很难保持创立公司的初心，因为希望在短期内将股票套现和大量用脚投票的小股东们会给他们施加压力。

在进行项目决策时，追求项目成果的短期效益是职业经理人自然而然的习惯，甚至一些企业的股东，特别是对于那些希望在短期内将股票套现的股东来说，能否在短期内获得经济效益也是他们考虑的重要决策依据。另一方面，企业面临的商业环境在不断变化，股东们也很难可靠地预见未来，他们也不得不期望通过一个个成功的短期项目来"摸着石头过河"。如何在项目的短期性与企业的长久性之间取得平衡是企业所有者和经营者进行重大投融资决策时需要解决的一个难题。

第三，对项目的治理角色方面，即委托代理关系的权限方面。

管理者一般说来是企业所有者雇来负责企业运营的人，其中企业经营者是指企业的高层管理人员。"企业经营者"有点像企业的管家，他们只是所有者的代理人，受所有者的委托来打理公司。因此，如何解决所有者和经营者之间的信任问题一直是公司治理研究的重要内容。相对于仅仅持有公司股票的股东而言，企业经营者由于日常对企业投入的精力更多，因而对企业有更深的感情，也对企业的外部经营环境和内部管理状况更为了解，但如果他们并不持有企业的股票，那么在法理上他们对企业资产处置的决策权很有限。如果经营层同时持有公司的股票，又会产生企业所有者和管理者边界模糊的问题。此外，即使经营者不持有股票但是由于其影响力和股东们初始信任的原因而兼任董事长，那么经营者也可能居功自傲而侵害股东（特别是小股东）的利益。

相信自己的魅力、才华或品德能够胜过股份在企业决策中的地位，希望做一个不拥有股份的经营者而能让股东给予自己决策上的充分自由、给予自己职业生涯的安全保障和利益保障的幻想来自对股东和经营者之间与生俱来矛盾的认知错误。企业经营者缺乏职业经理人的职业道德或职业意识，容易发生角色错位，而股东由此引发的对经营层的不信任又会给经营者带来职业生涯或利益上的不安全感，这种彼此不信任造成的矛盾会产生"不是东风压倒西风，就是西风压倒东风"式的恶性循环，不仅危害企业，也会危害国家的产业发展。

管家当的时间长了会被外界误认为是主人，管家自己也不自觉地认为自己是主人。这些矛盾就是中国俗话所说的"店大欺客，客大欺店"和"功高震主"，如果不处理好这些矛盾，不仅两者之间的信任和合作会难以为继，企业的成长也会受到严重打击。

尽管管理层会呼吁经营层对其充分授权，但实际上"逆向授权"（管理层将本该自有的权力返回给经营层，凡事请示汇报）的情况十分普遍，因为管理层并不愿意承担责任和风险。在面临逆向授权的情况下，经营层花在与股东以及企业外部利益相关方沟通的时间就会不足，而股东则会对经营层产生"劳动时间不够"的不满。

在中国人的太极逻辑中，人情是个很重要的决策参数。因为经营者对企业的直接付出（或者是露脸的场合）较多，一般股民会将其视为英雄，而幕后的所有者（大股东）则容易被人们忽视。如果所有者和经营者之间的责权利边界不能搞清楚，有可能大股东会迫不得已走向前台以宣示自己的所有权，这种矛盾爆发的导火索往往存在于重大投融资项目决策中。

万科是中国房地产企业的标杆，持续了一年之久的万科之争也一直引人关注。

2015年7月10日，宝能系第一次举牌，持股比例达到5%。2015年7月24日，宝能系第二次举牌，持股比例达到10%。2015年8月31日，王石首次回应万科遭连续举牌，暗指宝能系为"门口的野蛮人"，在万科临时股东大会上，万科董事会主席王石首次对万科遭遇的连续举牌做出明确表态，他表示，万科过去一直是股权分散的公司，万科的大股东就是中小股东；万科一直没有绝对控股和实际控制人，但有相对控股，无论第一大股东是谁，管理层仍有积极的发言权。

2015 年 11 月 27 日，宝能系合计持有万科 15.254% 的权益，首次超过万科之前披露的原第一大股东华润 15.23% 的持股比例。2015 年 12 月 17 日，万科董事会主席王石在万科北京会议室内部讲话中直言，宝能系不配当万科大股东，万科要为万科品牌和信用而战。王石表示："不欢迎的理由很简单：你的信用不够。"

2016 年 1 月 15 日，万科回购股份注销；2016 年 1 月 30 日，王石发表言论不欢迎民企当万科第一大股东。

2016 年 6 月 27 日下午的万科股东大会现场一度陷入因提问而起的混乱。对王石抨击者有之，力挺者也有之。当股东问及王石打算什么时候放手时，王石回复："我的成功是没有人再需要我，这就是成功，现在来看，我还不太成功。"言外之意是现在还不想走。

——https://www.touzi.com/news/021084086-75034.html

中新网深圳 6 月 9 日电记者从深圳地铁集团获悉，经深圳地铁集团和中国恒大集团双方前期积极、友好协商，9 日下午，深圳地铁集团有限公司与恒大下属企业签订万科股份转让协议，深圳地铁集团以现金交易方式受让恒大下属企业所持有的万科 A 股股份 1553210974 股，占万科总股本的 14.07%。深圳地铁集团通过此次股份受让，总持有万科股份比例将达 29.38%，成为万科的重要股东。

——http://money.163.com/17/0609/23/CMHCDJAL002580S6.html

2017 年 6 月 20 日，王石在其朋友圈表示："今天，万科公告了新一届董事会成员候选名单。我在酝酿董事会换届时，已决定不再作为万科董事被提名。"

——http://www.xinhuanet.com/fortune/2017-06/22/c_129638169.htm

当企业在制定重大项目的投融资决策时，大股东们会考虑股权变化带来的权利变化，经营层则会考虑这些项目将带来哪些当期利益，小股东们会考虑股价的变化情况，而雇员们则会考虑自己的职业机会和安全感。这些矛盾错综复杂，如果不能在项目的不同阶段把握其主要矛盾并及时在太极阶段提供各利益相关方能接受的解决方案，一旦撕破面子，大股东和经营者之间就会出现"两虎相争必有一伤"或两败俱伤的局面，因此小股东们因此遭受"城门失火殃及池鱼"式的损失更是在所难免。

项目治理和项目管理的矛盾

项目治理和项目管理之间的界限有时似乎是模糊的，就像企业治理与企业管理一样。企业治理和企业管理边界的模糊可能会造成几种情况：要么董事长越俎代庖，总经理成为傀儡；要么董事长成为傀儡，总经理独揽大权；要么董事长和总经理之间边界混乱，不得已由一人兼任等。相比而言，项目治理和项目管理的边界模糊造成的结果比较简单但后果同样严重：经营者（包括管理部门）独揽大权而项目经理独担责任。

项目治理与项目管理之间的矛盾正如一个硬币的正反面：项目管理者（项目经理）为实现项目的成本和效率负责，项目治理者为项目的价值负责；项目管理者强调项目的特殊性、希望能被赋予独特的权力和资源，项目治理者强调项目的可控性、希望项目能够遵循企业的管理规范；项目管理者为一次性的项目负责、其责任随项目结束而结束，项目治理者希望项目的经验教训能够在其他项目中发挥价值、其责任将会在项目结束后依然伴随着企业的存在而存在。

这些项目治理与项目管理之间的矛盾如图 2-3 所示。

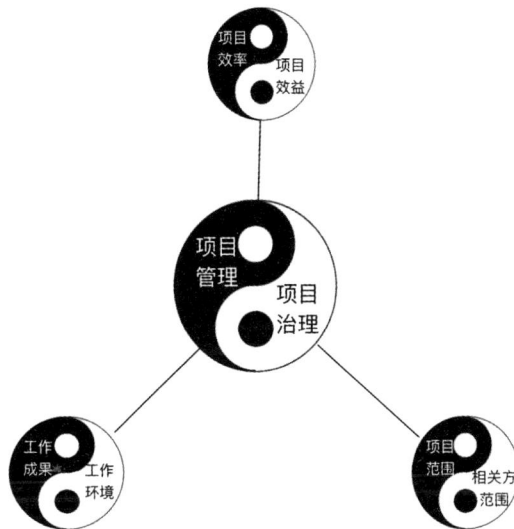

图 2-3　项目治理与项目管理之间的矛盾

第一种矛盾：项目治理对项目的效益负责，项目管理对实现项目成果的效率负责。

谈起项目，人们一般会想到"项目经理负责制"，但实际上项目经理拥有的权限和资源很少，他们能够承担得起的责任也很少。决定项目成败的很多因素甚至大部分因素在项目经理的层面上是不能解决的。

"项目经理是最希望成为总经理的人""让听得见炮声的人指挥炮火"

"项目管理将站到 21 世纪舞台的中央"……这样激动人心的话语经常出现在各种书籍、大会报告或领导讲话中，但在现实的场景中却是除非项目经理还兼任着企业其他重要的行政职务，否则他们的权限是十分有限的。因为有"项目经理负责制"，一旦项目失败，人们理所当然地会将项目失败的责任人归结为项目经理，"项目经理负责制"的含义就变成"项目经理为项目失败而负责的制度"了。

"做正确的项目"往往比"将项目做正确"对企业来说更基本、更重要。对一个项目正确与否的判断责任不应该由项目经理来承担，他们也担不起这个责任，它应该是项目治理的责任。如果非要将企业的责任强加给他们，就会产生追求项目局部效率而损害企业整体效益的情况。决定项目该不该干的是企业高管，项目经理只是完成项目，他们不是项目的决策者。当然，也有自导自演的情况，那就是高管亲自兼任项目经理。

项目经理不能决定哪些项目该干、哪些项目不该干。项目经理之所以被称为"项目经理"，就是指有项目才有这个职位，没有项目这个职位自然就消失了。项目具有临时性的特点，其中一个显著的特点就是项目经理是临时的。尽管在企业中有人的头衔是"项目经理"，但这是一个候补的虚衔，当有项目可管时，他们才会成为真正的项目经理。"先有项目，再有项目经理"是基本的时间顺序。

在变化的时代，一个企业必须具备能够高效完成项目的能力，这种能力的高下将决定企业盈利能力实现程度的高低，也将决定企业的成败。但是，就像董事会需要决定盈利模式而不能将盈利的责任全推到经营者身上一样，经营者也不能将完成任务的责任推到项目经理身上。要想项目取得成功，不仅需要胜任的项目经理去完成项目管理，还需要胜任的企业高管去对项目进行有效治理。在某种程度上，项目治理的成果就决定了企业项目的盈利模式，而项目经理们只是要去高效地实现这些模式。

第二种矛盾：项目治理对项目的管理环境负责，项目管理对项目任务完成的过程负责。

项目治理的主要工作是"设定项目目标、提供完成项目所需要的资源、决定实现项目目标的方法和监控绩效的手段"等。简言之，"项目治理"的责任是提供项目管理的目标、资源和制度环境，而"项目管理"的责任则是在这些制度环境内有效运用资源去实现项目目标。项目经理只对项目目标负责，而难以对项目目的负责。他们的主要职责是将项目做正确，而不是做正确的项目。那么，谁对正确的事情负责？谁来决定项目资源的优先次序？这是治理的责任。

临时性的项目经理和稳定的部门经理之间常常存在资源使用上的矛盾。项目经理希望得到的资源越多越好，而部门经理则希望项目需要的资源越少越好。因此，项目经理不仅对于项目决策说了不算，即使在做项目计划时，项目经理也说了不算。他们需要去和部门经理商量，去找企业高管诉苦，去各方奔走打点。

同样，企业拿到商业合同后，不会将合同金额作为项目经理可使用的费用额度，一般都会尽可能扣掉更多的毛利。分配给项目的人员、设备也不会富裕，因为这也会吃掉公司的利润。特别是在企业存在多个项目的情况下，企业会加强资源的动态调度效率，项目独占某种资源变得更加困难。项目是临时的，因此，当项目组成员出现项目经理和其所在的部门经理之间的冲突时，项目经理往往会被放弃。

此外，在对项目供应商、分包商的处理上，由于项目经理并没有权力代表公司与他们签订合同，并不能给他们分配或带来利益，项目经理能做的只是要求供应商和分包商执行合同，因此，项目经理调用企业外部资源的能力也很有限。

第三种矛盾：项目治理对项目的所有利益相关方之间的规制关系负责，项目管理对项目工作的管理方式负责。

对企业来说，项目治理包含两部分的内容：一部分是要识别、建立和保障企业内部和企业外部相关方的治理关系；另一部分是识别、建立和保障企业内部各部门之间、各部门与项目之间的治理关系。无论是哪一种治理关系，都是为了给项目管理营造一个可管理的、可靠的、有效的环境。

随着企业环境变化的加剧，如何以工业化的高效率去满足个性化的独特需求成为各类企业生存和发展中必须回答的问题，项目化的趋势越来越明显。为达到效率与独特性（创新）并存，每个企业都需要与其他企业结成价值网络，在这个网络中，每个企业可以更容易专注于自己最擅长的某个方面，完全由一个企业独立承担一个项目的情况将会越来越少，而由多个企业之间彼此协作完成项目任务的情况则会越来越普遍。对于多个企业共同参与的项目而言，各个企业就像是一个个职能部门，项目被切成一块块交给这些部门完成。但是，各个企业一般都有多个项目需要完成，它们追求自身效益最大化（企业项目管理）的决策结果必然会造成其对该项目的优先次序不一致，其结果会增加项目延期或失败的可能性。更为糟糕的是，在一个企业内部的职能部门之间还可以彼此协调，必要时可以通过上级领导来强制集中资源以完成某项目，但多个企业之间却很难有这种协调机制，也很难有这样的强权人物。这种常见问题的解决已超出了项目管理的研究范畴，而站在一个企业立场上的多项目管理（包括项目集管理和项目组合管理）恰恰是造成这种问题的原因，当然这种问题也不能得到解决。

人们常常误认为项目管理是基层的事、是执行层面的事。更糟糕的是，他们采取的管理模式是"积极性加刺激性"，实际上全部问题都依靠项目经理解决。事实上，在项目治理下，至少问题的一半将由经营者（包含职能部门）负责。如果我们去分析总经理们的时间分配，会发现他们会花很多时间在和企业外部人员接洽方面，也会花很多时间在内部协调方面，这些工作的有效性如果得以提升，就会为企业的项目营造良好的管理环境。

管理中常见的问题是角色的错位、越位和缺位。"项目治理"和"项目管理"的边界如果划分不清，也会出现这样的情况。如果不能界定"项目治理"和"项目管理"的区别，就无法回答除了人们已熟知的"项目管理"之外，为什么还需要提出"项目治理"这个概念。

之所以治理和管理的边界难以界定，是因为管理在广义上包含了治理，治理可以理解为"对于管理的管理"。一种有效划分"项目治理"和"项目管理"边界的依据是项目经理的权限（见图 2-4）。权限与责任应该是对等的，但现实过程中，人们常常简单地将项目管理的责任完全或主要压在项目经理肩上。

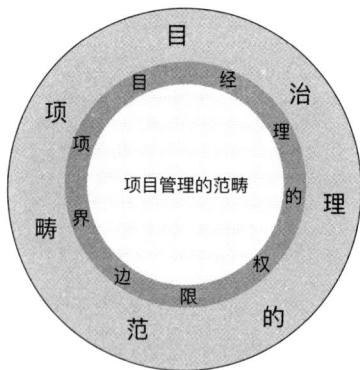

图 2-4　项目管理与项目治理的界限

　　项目经理的权限是很有限的。一个企业有多个项目，这就决定了企业不可能将所有的资源交给一个项目经理。完成项目所需要的资源一般会由稳定的部门掌管，它们是受部门经理或总经理这些具有稳定职位的人支配而不是受临时性的项目经理支配。对于跨组织①的项目来说，项目经理对资源的掌控能力尤其有限。换句话说，项目经理只有资源使用权，但是不具备资源拥有权。决定有多少资源可以给项目经理使用，以及使用这些资源的基本规则等，对项目经理而言属于"项目治理"层面的问题，在这些规则下，如何有效使用这些资源则属于"项目管理"的范围。由于项目的临时性，项目经理也是临时的，企业不能将发展的责任完全交给项目经理去承担，尤其对跨组织的项目更是如此。因此，项目目标的设定、如何监督项目经理的责任兑现等也是企业和相关组织的权限而不是项目经理的权限。

　　《北京人在纽约》②中有一句台词："如果你喜欢一个人，送他到纽约，

---

① 本文所提到的"组织"既可以指企业，也可以指企业内部的部门。对于企业内部跨部门的项目，本文也视为跨组织项目。

② 1993 年拍摄的讲述了一批北京人在纽约奋斗与挣扎故事的电视剧。

纽约是天堂；如果你恨一个人，送他到纽约，纽约是地狱。"这句话转接到项目经理身上也能适用，即"如果你喜欢一个人，让他去当项目经理，因为项目成功了他的业绩很明显；如果你恨一个人，让他去当项目经理，因为他经常需要承担项目失败的责任"。

有效的项目治理环境是采取"项目经理负责制"的前提条件。据统计，项目总体成功率依然徘徊在 30% 左右，而在造成项目失败的原因中，项目决策错误、项目目标不合理、缺乏高层经理的支持、职能部门配合不够等原因占到 60% 以上，这些都是项目治理的问题。如果说项目管理代表项目生产力，那么项目治理则代表项目生产关系；如果说项目管理代表项目成功的内因，那么项目治理则代表项目成功的外因。内因是基础，外因是条件，外因通过内因起作用。打仗打的不仅是前方，更是后援，缺乏有效项目治理环境支撑的项目团队会陷入无后方作战的困难境地。

1911 年，泰勒在其著作《科学管理原理》中将"只要你有合适的人，那么一切都可以放心地交给他去办好了"作为旧的观点来看待，他说，"过去人是第一位的，将来系统必须是第一位的""老的管理模式是'积极性加刺激性'，实际上全部问题由工人解决，而在科学管理下，问题的一半由资方负责"。在急剧变化的社会环境中，将项目成功与否的责任完全交给项目经理的旧观念也必须改变，也需要树立"项目问题的一半由项目治理负责"的新观念，只有这样，才能提高项目成功率，才能避免项目经理流汗又流泪，才能走向项目多赢的局面。

项目伴随矛盾而产生，项目的价值也伴随矛盾的解决而呈现。太极逻辑就是用来帮助我们及时预见项目治理中的若干矛盾并在恰当的时机采取矛盾双方能够接受的方式来化解这些矛盾，它包括对以下问题的思考：

如何基于阴阳对立统一的规律发现主要矛盾，如何根据矛盾的演化趋势明确主要矛盾解决的太极阶段，如何基于中庸的智慧形成解决矛盾的策略等。

　　太极阶段是联结矛盾和矛盾解决策略的中间过程，我们既可以按照矛盾的发展趋势来推导出太极阶段，也可以采用对偶的方式，按照太极阶段来探讨最适合在这个阶段解决的主要矛盾。项目治理的不同阶段有不同的治理矛盾，需要根据阶段来识别这些矛盾并提出有效的解决措施。本书的后续章节将以项目治理若干重要环节作为太极阶段，分析这些阶段中存在的主要矛盾以及提供基于中庸智慧的解决策略。

第 3 章

内因与外因的互动产生项目机会

世事无相，相由心生。

——《无常经》

　　万事开头难。无论是项目管理还是项目治理都需要有一个前提条件：要找到一个值得管理或治理的项目。做对的事是第一步，第二步才是将事做对。项目治理的第一个责任在于发现项目机会。

　　发现项目机会似乎是一个无中生有的过程，是人们内心的渴望与环境给予的条件之间的互动，也是项目治理和项目管理中最有挑战性、最激动人心的部分。"机会"是一个相对主观的词汇，对一个人来说是机会的事情，对另一个人来说有可能毫无关系，甚至是灾难。"机会"来自一个人、一个组织的需求（内在矛盾）和其所处环境的需求（外在矛盾）之间的契合，机会发生于恰当的时机，机会的发现和把握也需要可靠有效的管理过程。

发掘机会的动力来自解决内在矛盾的渴望

中国有句俗语："机会总是留给有准备的人。"也就是说，机会的出现是因人而异的。不考虑内外因结合而盲目地采用"对标"等方式向别人学习的方式是危险的。由于内因和外因的不同及内外因互动关系存在差异，导致经常会出现对一个企业而言是项目机会但对另一个企业则是风险的情况。

中国提出了"一带一路"倡仪。"一带一路"涉及国家多，且以迫切需要改善基础设施和完善经济发展体系的发展中国家为主，中国与这些国家的合作涉及政策沟通、设施联通、贸易畅通、资金融通、民心相通等内容，存在大量的项目机会。2014年，中国非金融领域境外投资 6321 亿元，按美元计价为 1029 亿美元（投资对象包括 156 个国家和地区的 6128 家境外企业），较上年增长 14.1%，首次超越 1000 亿美元。2015 年上半年，对"一带一路"沿线国家的出口增长显著高于整体水平，中国与"一带一路"沿线国家的双边贸易总额达 4853.7 亿美元，共在沿线 60 多个国家承揽对外承包工程项目 1401 个，新签合同额 375.5 亿美元。其中，新签合同金额在 5000 万美元以上的项目 137 个，累计合同金额 309 亿美元，主要涉及电力工程、通信工程、房屋建筑、交通运输、石油化工建设等领域，完成项目营业额 297 亿美元，占同期中国对外承包工程完成营业额的 44%，同比增长 5.4%。

在广阔的市场背景下，部分企业本着"博头彩""抢占先机"

的想法，不顾自身是否了解当地政治、经济、文化特点，是否具有完成项目的能力，打着"中国"的旗号试图挤进"一带一路"市场，一窝蜂上，相互之间恶性竞争、低价投标、盲目承揽项目，结果常常无利可图乃至亏损，甚至导致项目被迫中止造成烂尾工程。这种状况的出现不但会使企业陷入困境，更会因一个项目的失败损害中国企业的整体形象，不利于这些企业在"一带一路"上的发展。

机会存在于发现矛盾和解决矛盾的过程中。矛盾是事物发展的动力。对一个组织来说，矛盾又可分为两种：一种是组织内部矛盾，即组织内部的各种对立统一关联关系，又可称为组织发展的内因；另一种是组织外部矛盾，即组织外部的工作对立统一关联关系，又可称为组织发展的外因。一个组织的成长是内因和外因共同起作用的结果。内因和外因在组织发展过程中是同时存在、缺一不可的，但两者的作用和地位并不相同。内因是组织存在的基础，也是组织发展的根据，是一个组织区别于其他组织的本质。外因是组织发展的外在条件，尽管在某些情形下，外因能够对组织的发展产生重要影响，有时甚至能够起到决定性的作用。但是，外因必须通过内因而起作用，当内因和外因相匹配，即两者产生了交集时，机会就产生了（见图 3-1）。这也就是管子所说的"内政不修，外举事不济"[①]。

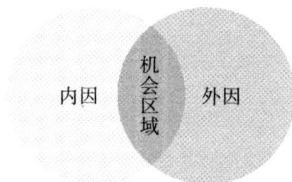

图 3-1　项目机会来自内外因的匹配

---

① 见《管子·匡君大匡》。

在 MBA 的教学过程中，案例教学向来被人们所重视。案例教学的本质是实事求是，即通过客观的案例总结出其中能够被其他企业所借鉴的科学规律。然而，在案例教学过程中，经常出现断章取义或者是道听途说的案例，案例中的企业和事件中缺乏关键的因果条件。这样的案例本身不具备作为"实事"的条件，当然在案例讨论过程中也就不能得到科学的规律性结论。一些隐含了内在逻辑关系的成功案例，如果被教师和学员们当作参考和学习的标本，很容易使他们陷入教条主义的错误中。各种促成企业成功的都需要其成功的内外在条件相协调配合，当条件变化而使内外因失衡时，企业就失败了。这就是少有常胜英雄的原因。如果企业不了解这个关键性道理，机械地去学习所谓的成功模式，就会画虎不成反类犬。

一个企业要想生存和发展，满足顾客需求是个常识，毕竟仅靠企业内部运营不会产生一分钱的利润。但是，这个常识并非一开始就存在。在生产供给短缺时代，尽管有供需关系的客观存在，但企业的经营活动并非以顾客需求为导向，更不是以顾客的个性化需求为导向。在 20 世纪六七十年代中国传统的国营商店里，营业员对顾客的态度冷淡是很普遍的，因为商品极其匮乏，商品需要进行限制供给，顾客需要凭各种各样的票证才能去购买商品。即便如此，也未必可以保证凭票证就必然能买到必要的商品。现在的情况大为改观，在淘宝、京东等网上商店，卖家为了获得买家较高的评分无所不用其极，因为商品的种类丰富且供给量充足，卖家面临激烈的竞争。以前买家还需要用脚投票，还需要一定的体力和时间消耗，现在只需要移动鼠标就可以轻松将一些卖家"打入冷宫"了。

在买方市场占据优势的情况下，满足顾客需要才成为一个"常识"。

这个常识表面上起源于"客户是上帝"的经营理念，实际上却是基于一个事实：因为卖家不这样就不能生存。换句话说，是因为卖家面临自身生存的内在矛盾，而这个矛盾只能通过满足买家的需要才能解决，才迫使卖家将注意力转向满足外部顾客的需求，才迫使他们改变自己的服务态度。"满足客户需求"是"主观上为自己，客观上为顾客"的体现，是满足自身需求的必经之路。换句话说，满足顾客需要并非是一个常识，它只是解决卖方内部矛盾的必要手段。在如今仍然存在的垄断行业，门难进、脸难看、事难办的情况依然普遍。

项目要得以存在，至少需要需方（甲方）和供方（乙方）两个人（群），项目是连接二者的桥梁。换句话说，项目是满足其客户（业主）与实施方（供应方）之间供需关系的途径。因而，要发现项目机会、做好项目决策，需要了解谁是项目的甲方，什么是二者之间的主要矛盾，以及如何确立一个项目来化解这个矛盾。要解决这个矛盾，需要识别出谁是企业的需方，他们的需求是什么。在社会系统中，每个人或组织都既是需方又是供方，一个只有需求而不能供给的人或组织是没有价值的。项目机会的发现和选择站在供方的角度往往比站在需方的角度看更有效。

内部矛盾的化解克服往往要从外往内看才能找到有效的解决方案。领导者不仅需要有发现矛盾的洞察力，还要有激发矛盾和将解决矛盾转变为项目机会的领导艺术，或者说，一个卓越领导者要善于从大处着眼，要激励人们面向发展。在组织内部矛盾不明显时，领导者要善于树立能够得到大家共鸣的价值观，以提升人们的理想境界，以此激发人们在理想和现实之间的矛盾。内部矛盾不应该以人们的恐惧来体现，而应该激发人们追求理想的热情。内部的矛盾经常是因为资源、机会的短缺造成的，当有了足够的发展和增长时，资源分配、机会抢夺的矛盾就会减弱甚至消除，这也就是邓小平提出"发展才是硬道理"的原因。

当企业自身没有矛盾，或矛盾的发展还没有到恰当的解决时机时，企业不会关注外部的变化，不会考虑客户需求的变化；同样，当企业的外部环境、企业客户面临的矛盾没有变化、没有到需要解决的恰当时机时，企业对外部环境对客户也就没有价值。只有企业内部有矛盾亟待解决，企业才会将眼光投向外部去搜寻机会，才能发现外部世界对自身的意义。因此，项目机会不仅来自企业内部的矛盾，也不仅来自企业外部的矛盾，而是来自企业内外部矛盾的匹配（见图 3-2）。

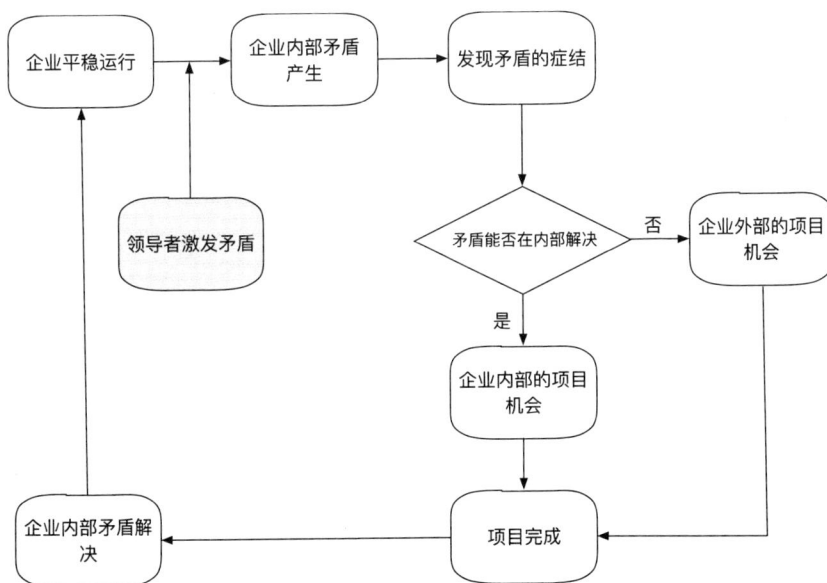

图 3-2　项目建立在解决企业矛盾的基础之上

在《管子·君臣大匡》中有一段管仲和齐桓公的对话，说明了只有内心有了远大的理想，才能够看到外部机会和发展国家的道理："桓公二年践位，召管仲。管仲至，公问曰：'社稷可定乎？'

管仲对曰：'君霸王，社稷定；君不霸王，社稷不定。'公曰：'吾不敢至于此其大也，定社稷而已。'管仲又请，君曰：'不能。'管仲辞于君曰：'君免臣于死，臣之幸也；然臣之不死纠也，为欲定社稷也。社稷不定，臣禄齐国之政而不死纠也，臣不敢。'乃走出，至门，公召管仲。管仲反，公汗出曰：'勿已，其勉霸乎。'管仲再拜稽首而起曰：'今日君成霸，臣贪承命，趋立于相位。'"

同样，罗贯中在《三国演义》①的第三十八回中，是这样描述诸葛亮和刘备《隆中对》的开场白的："玄德曰：'大丈夫抱经世奇才，岂可空老于林泉之下？愿先生以天下苍生为念，开备愚鲁而赐教。'孔明笑曰：'愿闻将军之志。'玄德屏人促席而告曰：'汉室倾颓，奸臣窃命，备不量力，欲伸大义于天下，而智术浅短，迄无所就。惟先生开其愚而拯其厄，实为万幸！'"

如果齐桓公和刘备内心没有振兴国家的追求，即使像管仲和诸葛亮这样的大才也是无从下手为他们提供帮助的。

发现项目机会是领导力的重要体现，而领导力的形成和发挥需要建立在对人性的理解之上。趋利避害是人性的体现，是人作为特殊动物的本能，也是发现项目机会的源动力。中国古代很多先贤都不避讳这一点。例如，管子认为："古之圣王，所以取明名广誉，厚功大业，显于天下，不忘于后世，非得人者，未之尝闻。暴王之所以失国家，危社稷，覆宗庙，灭于

---

① 三国是继东汉之后而出现的时代称号，由于魏、蜀、吴三个国家鼎立而得名。三国始于220 年魏国代汉，终于 265 年晋代魏。但史家也常以 184 年爆发黄巾起义为三国上限，以 280 年晋灭吴为三国下限。《三国演义》是小说家罗贯中撰写的三国期间魏、蜀、吴三国之间的斗争史，其中的《隆中对》是蜀国的创始人刘备与其后来的丞相诸葛亮在隆中第一次见面时的谈话记录。该谈话奠定了刘备创建蜀国的发展战略。

天下，非失人者，未之尝闻。然则得人之道，莫如利之。利之之道莫如教之以政①。"司马迁更是指出："天下熙熙，皆为利来；天下攘攘，皆为利往②。"

人、企业和组织主观上是利己的，但是满足自身需求一般需要通过别人的供给才能实现，而为了让别人能够供给自己，只有通过满足别人的需求才能实现。"主观上利己，客观上利他"比起"主观和客观上均利他"更容易实现。利益之间的矛盾不仅在于经济利益，还在于名誉、地位等供需量、供需方式或供需时机方面。"利己"和"利他"表面上是对立关系，但如果我们将其放在不同的时间或空间、主观或客观、物质或精神这些维度上，它们之间的统一性即双赢性就会出现。

中国传统上用"义"来体现"利他"的境界。"义"是指对社会发展有利的公德，是在公德基础上的利他，而"利"通常指"利己"。"义"面向解决国家、社会等企业外部的矛盾，"利"则面向解决企业内部的矛盾。"义与利者，人之所两有也。虽尧舜，不能去民之欲利，然而能使其欲利，不克其好义也。虽桀纣，亦不能去民之好义，然而能使其好义，不胜其欲利也。故义胜利者为治世，利克义者为乱世。先义后利者荣，先利后义者辱③。"荀子的"先义后利"和孟子的"人有不为也，而后可以有为④"有异曲同工之妙，是比"满足顾客需求"更进一步的商业智慧。"义"与"利"的结合蕴含了外因和内因的结合，它是符合人性规律的，也是我们发现机会的内在动力，无利不能生存，无义不能发展。

---

① 见《管子·五辅》。
② 见《史记·货殖列传》。
③ 见《荀子·大略》。
④ 见《孟子·离娄章句下》。

西方有一本书——《从 0 到 1》中的一些观点[1]，其实老子两千多年前就想到了。他提出，"万物生于有，有生于无。有之以为利，无之以为用"，以及"道生一，一生二，二生三，三生万物"。这个"道"就是规律，是自然规律、社会规律，也是人性的规律。"得道多助，失道寡助"就是指当我们的思想和行为符合规律时，就会容易找到机会，也就会得到更多人的帮助，更容易具备外部条件，如果违背了规律，结果就会适得其反。

中国人一般认为一个好的机会应具备三个特点——天时、地利、人和。管子称之为"三度"，即"上度之天祥，下度之地宜，中度之人顺"[2]。而孟子则认为这三者之中"人和"最为重要，即"天时不如地利，地利不如人和"[3]。"天时"可以看成社会发展的大趋势，"地利"可以看成企业发展的政策环境，"人和"则是企业内外部利益相关方的同心协力。中国的俗语中有一句话，叫作"谋事在人，成事在天"。姜太公在《六韬》中说"同天下之利者，则得天下；擅天下之利者，则失天下""祸福在君不在天时"，说的就是内外矛盾结合的重要性，而且，更强调了内因的作用。

当我们内心的目的越明确，追求成功的渴望越热切，我们的视野就越广，与我们渴望的成功标准相匹配的外部条件也就越多，我们的机会就越多，成功的可能性也就越大。

---

[1] Peter Thiel，Blake Masters. Zero to One: Notes on Startups，or How to Build the Future，Crown Business，2014.

[2] 见《管子·五辅》。

[3] 见《孟子·公孙丑下》。

项目的潜在机会存在于外在矛盾发展的趋势之中

"大处着眼，小处着手"是中国人考虑问题和做事的基本方式，哪怕是普通老百姓，自己的温饱问题还没有解决，也会常常注意到国家大事甚至世界大事，这与中国人看待事物的角度有关。"位卑未敢忘忧国""国家兴亡，匹夫有责""不谋万世者，不足谋一时；不谋全局者，不足谋一城"①等名言警句对中国人来说耳熟能详。中国的姓名向来是家族的姓在前、自己的名字在后；在邮件地址上，也是先有省市，最后才是门牌号码。这些都正好与西方的突出自我相反。

在急剧变化的时代，不确定性成了每个人、每个企业需要面对的环境。正如阿里巴巴的马云所说，在这个时代，我们往往看不到机会，当别人开始行动时，我们常常会瞧不起："干这有啥意思呢？"当别人赚钱了，我们又常常看不懂："他们这是凭什么赚的钱呢？"当看明白时，已经来不及了。为了摆脱这种"看不见、看不起、看不懂、来不及"的怪圈，我们需要树立一些远大的理想，因为远大的理想能够使我们搜索机会的半径放大一些，能够使我们的视野放到更大一些的系统中，这样不仅能够看到更多的机会，也会有更长的预留时间使我们能够做好准备以捕捉这些机会（见图 3-3）。正如开车，车速越快，驾驶员的视野就需要越开阔，这样才能有足够的时间发现未来可能遇到的情况并及时做出处置。

---

① [清] 陈澹然：《寤言二迁都建藩议》。

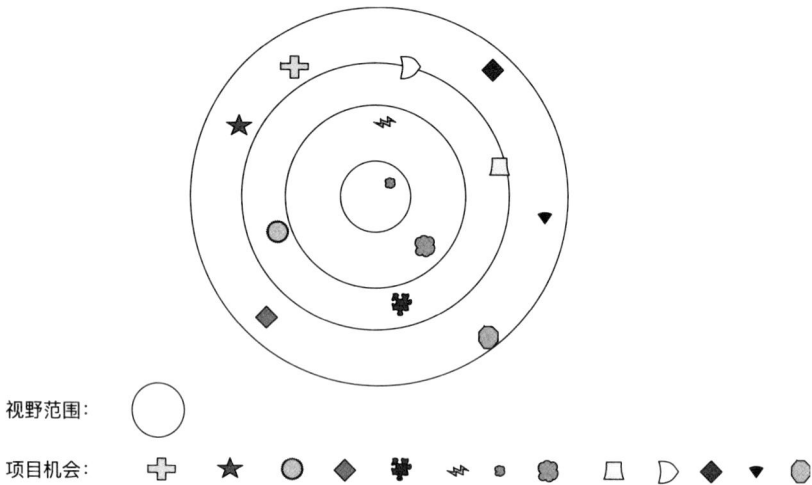

视野范围：

项目机会：

图 3-3　搜索视野范围越大，发现的项目机会越多

宋朝的苏洵在《权书·攻守》中提出："吾观古之善用兵者，一阵之间尚犹有正兵、奇兵、伏兵三者以取胜。……故兵出于正道，胜败未可知也；出于奇道，十出而五胜矣；出于伏道，十出而十胜矣。"项目机会的发现需要供方及早了解需方的需求，并在恰当的时机做好准备，这样才能准确把握好项目机会，并能够赢得项目，这也可以说是项目治理中的"伏兵策略"。有丰富经验的人都知道，当客户已经在媒体上正式发布招标公告时才开始准备标书，投标成功的可能性已经微乎其微。只有在客户需求还没有清晰呈现时介入，帮助客户厘清其需求，这样的投标可靠性才会大增。

我们和客户的关系是由交易驱动的，只有我们将眼光拓展到客户的客户上去，我们才能真正理解客户的需求，才能找到项目机会，这就是"伏兵策略"的道理（见图 3-4）。

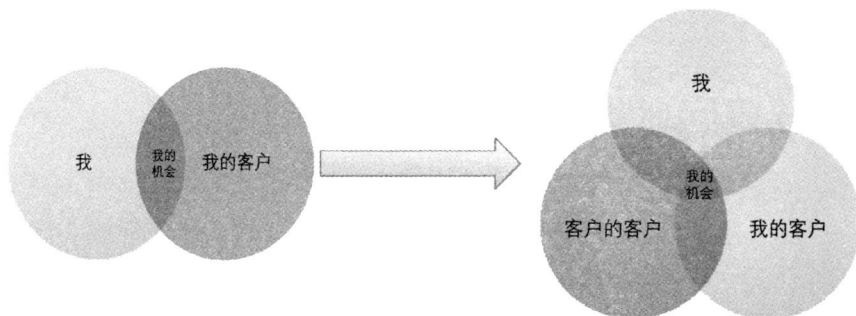

图 3-4　发现项目机会需要了解客户的需求

这种先大后小的思考方式在变化的时代颇有裨益，因为离自己越远的地方，相对变化的速度越慢，眼光越是瞄着远处，给自己变更的提前量也就越大。

中国人对"势"很重视，《六韬》认为："古之善战者，非能战于天上，非能战于地下，其成与败，皆由神势，得之者昌，失之者亡。"《孙子兵法》中也说："善战者求于势而不择于人。"三国名臣诸葛亮的武侯祠中有一副名联："能攻心则反侧自消，从古知兵非好战；不审势即宽严皆误，后来治蜀要深思。"北宋薛居正在其《势胜学》中指出："不知势，无以为人也。势易而未觉，必败焉。"《三国演义》中，诸葛亮"未出茅庐便知三分天下"实际上就是对社会矛盾演变趋势有提前准确判断的表现，因而《三国演义》并非是谈刘关张的义气，也并非是谈曹操的奸诈和吕布的勇猛，它谈的实际上就是一个"势"字，即"凡天下大势，分久必合，合久必分"。

上兵伐谋，其次伐交，其次伐兵，其下攻城。攻城之法，为不得已。

——《孙子兵法·谋攻篇》

濮阳人吕不韦贾于邯郸，见秦质子异人，归而谓父曰："耕田之利几倍？"曰："十倍。""珠玉之赢几倍？"曰："百倍。""立国家之主赢几倍？"曰："无数。"曰："今力田疾作，不得暖衣余食；今建国立君，泽可以遗世。愿往事之。"

——《战国策·秦策》

对于企业来说，利润大体来自4个方面：政治利润、政策利润、商业模式利润和管理利润（见图3-5）。

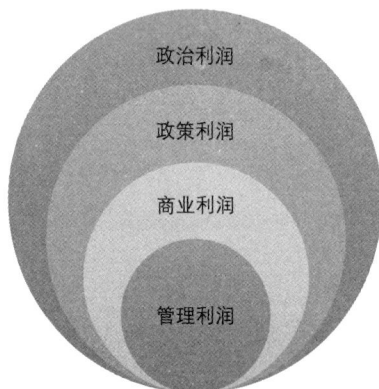

图 3-5　企业利润的来源

政治利润是利润率最高的一种，它是指通过满足某种政治需要（当然也可能是满足某些掌握权力的人的个人需要）而得到的经济收益。它是政治和经济交易的结果。经济基础决定上层建筑，老百姓需要有饭吃、有衣穿、有房住，所有的农民起义都源于民生问题，民生问题是一个政权的基础。政府不可能脱离企业来解决民生问题，一个企业不研究政治、不善于利用政治是不可能做大的。

政策利润从广义上也可归结为政治利润的一种，只不过它的收益面可能较广，它的收益来源可以更加公开和堂而皇之，政治利润时常会具体化为代表权力和代表金钱的人与人之间的关联，而政策利润则是政策与企业的关联。

商业模式是企业在商业系统中所处的地位，或者说是一个企业在和其他企业、顾客、供应商等所构成的商业关系中所处的地位。商业模式决定于战略，与管理没有必然联系。

企业如果发展到要靠管理水平提升来获得利润，表明企业之间的竞争已到了激烈甚至惨烈的程度，企业之船已经驶到了一片血腥的"红海"。很少有企业家希望自己的企业处于这个阶段，如果企业已到这个边缘，他们就会想方设法再跳向政治、政策和盈利模式去寻找答案，再造企业，再造"蓝海"。

企业的利润来自企业的外部，来自企业与外界的关联关系。政治利润是从企业和政治（或者说是企业主和政治人物）之间的关联关系中得到的，政策利润是从企业与政府权力之间的关联关系中得到的，商业模式利润是从企业与其他企业或个人之间的关联关系中得到的，它们都来自企业的外部。以企业和其内部员工之间的关联关系为基础的管理并不能给企业带来利润，它只可能减少或增加企业获取利润的成本。

《三国演义》尽管花了大量的篇幅描述了刘关张三兄弟的义气、诸葛亮的智慧以及曹操的狡诈等故事，但实际上其表达的核心却在于《三国演义》开篇的第一句话："话说天下大势，合久必分，分久必合。"换句话说，尽管三国期间有众多杰出人才，但均不能改变历史发展的趋势和规律。这也是尽管诸葛亮有极高的智谋但其管理的蜀国却是三国中第一个灭亡的原因。

要发现项目机会，不是靠个人的小技巧，而是要能够对社会、国家、技术、经济等环境发展大势有所把握，在此基础上才能发现项目机会，而胸怀天下、经世济民的道德情怀则是基础。管子认为，"大者时也，小者技也；智者善谋，不如当时"，"霸王之形，德义胜之，智谋胜之，兵战胜之，地形胜之，动作胜之，故王之"。[①]也就是说，做大事要顺应时代发展的趋势，做小事才靠人的谋划，这与俗语中的"谋事在人成事在天"有相似之处。中国广为流传的《三十六计》[②]尽管表面上是谈计谋，实际上这些计谋并非靠人的小聪明和灵感激发硬生生编造出来的，而是靠对环境的把握和系统的构建创造出来的。《三十六计》的总纲中明确提出："机不可设，设则不中。"即"任何计谋都不能离开事物之间存在的阴阳矛盾变化而孤立存在，违反事物发展规律的计谋必然会失败"。

　　企业项目投资方向受企业自身条件和市场环境趋势两方面的影响：当企业成长空间很小而且企业自身的市场地位也很小时，企业需要撤资、不可恋战；当企业成长空间很小而且企业自身的市场地位很有优势时，企业需要加强成本管理以获得最大的现金流；当企业成长空间很大但企业自身的市场地位很小时，企业需要做一些参与性投资，这样既可以避免投入的风险，又可以在成长顺利时抓住时机迅速发展；当企业成长空间很大而且企业自身的市场地位也很强时，企业需要加大投入以保持企业的领先优势（见图3-6）。

---

① 见《管子·霸言》。
② 《三十六计》是根据中国古代卓越的军事思想和丰富的斗争经验总结而成的一部智谋全书。是中国古代勤劳人民千百年来长期积累的智慧结晶，是对古代社会战争、政治、经济运动规律与方法的集中分析阐释，精练概括了中国历代智慧谋略的全部精华，是古今中外智谋专家最为重视的经典著作。

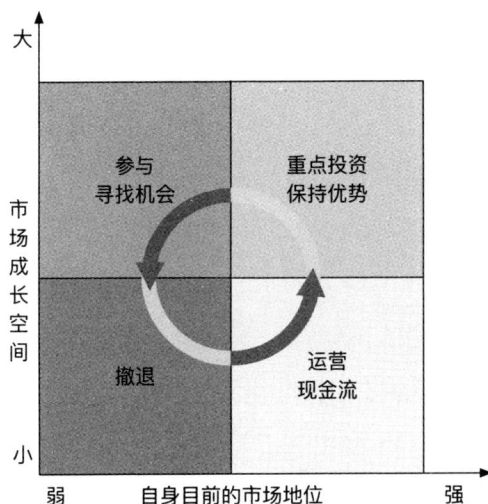

图 3-6　企业投资策略

要了解内因和外因之间矛盾匹配状况的演变趋势，特别是判断双方矛盾是否已成为主要矛盾进而判断是否是恰当的项目启动时机，要抓住项目启动的太极阶段，企业需要建立有效的情报攫取和分析机制。中国俗语中的"秀才不出门便知天下事"，说的就是他们能够通过书本信息分析出社会发展的趋势。在《三国演义》中，诸葛亮经常施展"锦囊妙计"，很玄虚，以至于鲁迅说"诸葛多智近乎妖"。其实，《三国演义》中很可能忽视了一个内容，即诸葛亮的"锦囊妙计"的背后一定隐含着一支强大的情报队伍。《孙子兵法》中特别重视情报的作用，在其《用间篇》中，专门强调"明君贤将，所以动而胜人，成功出于众者，先知也。先知者，不可取于鬼神，不可象于事，不可验于度，必取于人，知敌之情者也"。

在急剧变化的时代，我们很难有足够的信息和极强的可靠性来预测未来，越是重要的预测越预测不准这种"测不准定律"是把握趋势的最大障碍。要减少这种障碍，我们不能简单采取基于线性思维的以过去推导未来的方式，必须站在多维空间的系统上看问题，这就是数学上的一条重要发现："*n* 维系统产生的问题只有在 *n*+1 维的空间里才容易解决。"

没有一分钱利润是产生于企业内部的，利润都来自企业和外部利益相关方的关联关系，因此我们需要将视野从企业内部拓展到企业外部。再进一步，商业机会大多来自国家发展的主战场，因为有政策的支撑，企业更容易做到"借局布势、力小势大"。我们需要跳出商业的范围，将视野扩展到经济、政治和社会的高维空间中才能更容易看清企业的客户是谁、他们需求变化的趋势以及这种变化趋势的拐点，才能把握好项目启动的时机和决定项目完成的节奏。

项目启动需要看准时机

《史记》上说："天予弗取，反受其咎；时至不行，反受其殃[①]。"晏子也说："识时务者为俊杰，通机变者为英豪[②]。"是否存在项目机会要看企业自身及其环境（包括已有客户）两方面矛盾演变的总体趋势。但是，趋势不等于机会，只有到了恰当的时机才能够启动项目，否则，启动得太早会替别人做嫁衣，光烧钱培育市场而难以产生收益，而启动得太晚，又会因为丧失先机而造成产出效益下降。这就是所谓"节"的问题，也是太极逻辑中太极的含义，即解决矛盾的最佳时机。《孙子兵法》中说的"善战者，其势险，其节短。势如扩弩，节如发机"说的同样是"势"和"节"需要协同的道理。

---

① 见《史记卷四十一·越王勾践世家》及《史记卷九十二·淮阴侯列传》。
② 见《晏子春秋·霸业因时而生》。

中国人看问题一般是将要素放在动态的系统（特别是人际关系）去考虑。这些关键因素常常包含关键人物的个人参数，如年龄、社会关系、派别等。启动项目的时机在于供需双方对矛盾的认知。当供需双方的主要矛盾能够通过一个项目共同化解时，这样的项目就会得到双方的大力支持，项目就会顺利启动，正如《孙子兵法》所言："故我欲战，敌虽高垒深沟，不得不与我战者，攻其所必救也；我不欲战，画地而守之，敌不得与我战者，乖其所之也。"

在错误的时间，即使干的是正确的事情，其结果也必然是失败的；同样，在正确的时间干的是错误的事情，其结果也必然是失败的。以中国市场的汽车销售企业为例，从 20 世纪 90 年代中期初开始，中国私家车逐渐出现；20 世纪末至 2010 年期间，私家车的拥有量处于高速上涨期。在这段时间，开设汽车销售公司、扩大销售品牌种类和数量是挣钱的。但是，到了 2010 年以后，由于庞大的汽车保有量，中国各大城市出现了严重的堵车现象，政府相继出台控制私家车拥有量疯长的政策，汽车销售的增速放缓了，而汽车的维修量经过一定的时间滞后出现迅速增加（见图 3-7）。这个阶段，企业就需要将经营的重点由汽车销售转向汽车维修、城市停车、汽车出租等领域，这就是中国市场在这段时间出现车八度汽车、优泊城市停车、滴滴打车等新型公司的原因。

时机的判断可以从以下几个方面着手。

第一，领导人物的变更。领导人物是造成政策和策略变化的重要原因。中国有句俗语，叫作"新官上任三把火"，其含义就是：一个新的领导人如果需要树立自己的威信，那么在其上任后，需要干一些新的项目，做出一些新的政绩才行。如果仅仅沿着以往的策略开展工作，新的领导人就很难满足利益相关方的期望，业绩很难有突破，威信也很难建立。因此，新的领导人到任后，很可能会造成战略方向或管理策略的变化。同样，在领导人临近卸任的时候，也容易产生战略方向或管理策略的变化，因为他们需要为退休后的利益打算，需要为自身角色的转变做好准备。由于对未来责任的压力有所不同，以及为了换取一些卸任后的名誉和认可，有些领导人甚至会赶在卸任前做一些侧重于取得短期利益的事情，或者是不顾客观情况而拔高未来的战略目标。对领导人到任和卸任期间心理的把握，将有助于我们发现项目机会。

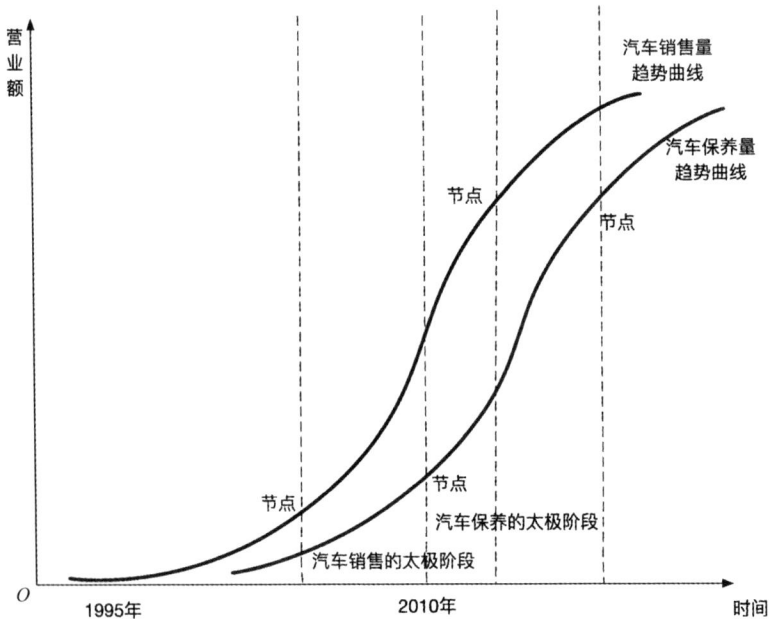

图 3-7　中国市场汽车销售量和维修量的趋势示意图

有个中国大型国有企业的经理负责制定公司的五年规划，但是，规划草案总是得不到公司的认可。无奈之下，该经理找到专家，希望专家帮他分析原因所在。专家问了一个简单的问题后，他恍然大悟，立刻知道了应该怎么修改五年规划。这个问题是："你们公司的董事长多大年纪了？"该公司董事长已经 57 岁，临近退休了。他关心的必然是退休以后的出路。对于一个国有企业董事长来说，他类似于政府官员，有行政级别并不拥有公司的股份，一般 60 岁将退休，但一定级别的管理人员可以继续进入省人大或政协机构任职。李经理更改了公司的五年规划方案，其中特别增加了第一年将产生社会影响力的项目，因为这样将有利于董事长退休后到省人大任职。方案很快得到了批准。

第二，重大事件的发生或重大政策的出台及调整。重大事件、重大政策的变化会产生一系列相应的社会活动和商业活动。近年来，在中国举办的大型活动越来越多，上海世博会、奥运会、金砖国家首脑会议等类型也丰富多样，这些大型活动带来了大量的基础建设项目和文化旅游项目机会。钓鱼岛和南海争端的发生带来了装备研制项目。全国科技大会、国际互联网大会的召开又带来了很多协同创新项目。

有人认为中国人的这些方式是"搞运动"，殊不知，对于一个国力仍然不足的国家来说（2016 年中国年人均收入 8280 美元，居世界第 72 位），这种"集中力量办大事"的方式才是有效的。强者和弱者面临的矛盾特点是不一样的，因而解决矛盾的方式也不一样。强者的竞争方式可以相同，他们有资格采取硬碰硬的正面竞争方式。然而，没有两个弱者的竞争方式应该是一样的，他们必须利用自己的独特性形成局部的相对竞争优势才能在竞争中获胜。这就是《太极拳论》中所谓的"四两拨千斤"的本意。"四两拨千斤"并非是指能在整体上以四两的力量去压制千斤，而是要形成局部绝对优势，在局部上采用千斤打四两的效果。毛泽东的"集中优势打歼灭战"和"对于人，伤其十指不如断其一指；对于敌，击溃其十个师不如歼灭其一个师"就是这种以弱胜强方式的集中体现。

第三，新技术的产生。新技术的产生往往预示着人们工作或生活方式的变革，为了应对这种变革，也会涌现出大量的项目机会。例如，AlphaGo在对弈中战胜了围棋大师，引发了人们对人工智能技术的高度关注，在人工智能领域的投资项目大量增加；石墨烯技术的完善，也引发了人们在新型材料、新型能源领域相关项目的投资热情等。同样，随着互联网技术的发展，中国传统产业与互联网技术的结合而形成的"互联网+"造就了无数的项目。

中国的北斗系统，2012年正式提供区域服务。之后的短短5年间，北斗系统完成"从1到100"的壮举。统计数据显示，2012年，中国卫星导航与位置服务产业总产值仅为812亿元，这一数据在2016年达到2118亿元，较2015年增长约22.06%。其中，北斗系统对产业核心产值的贡献率已达到70%。北斗系统高精度服务广泛应用在城市燃气、城镇供热、电力电网、供水排水、智能交通、智能养老等领域。据估计，目前全国燃气管网北斗系统应用的市场总规模已达到20亿元。除燃气行业外，水、电、热、通信等其他类似的市政管网领域也可以实现类似的北斗系统高精度应用，由此将形成超过1500亿元规模的空间位置服务"蓝海"。同样的例子还有共享单车。共享单车定位找车和"电子围栏"的实现，都有赖于亚米级的高精度。据中国卫星导航定位协会预计，目前我国共享单车年化市场使用规模超过1700亿次。以1元单价和10%的市场渗透率计算，未来共享单车市场所形成的位置服务市场规模将超过 170 亿元，前景广阔。

第四，量变到质变的转接点。互联网时代的企业发展已不像传统企业那样遵循渐进性增长模式，信息技术带来的资源联结性会给其业务数量和经济收益的增长和损失带来指数效应，"其兴也勃焉，其亡也忽焉"这种政权急剧更迭的现象在企业界将会频繁呈现。

> 人口老龄化是中国社会面临的严峻问题。2016 年中国 65 周岁及以上人口数量已经达到 1.5 亿，占总人口比重高达 10.85%；未来 20～30 年将进入老龄化加速期，老年人口将以每年 3%以上的速度快速增长，预计到 2020 年，老年人口将达到 2.43 亿，约占总人口的 18%，而这一数字在 2030 年将增长至总人口的 25%左右。中国养老产业处于启蒙期，涉及领域较广，有待开发空间较大，部分领域也已初见规模，尽管大规模依靠养老机构的时代还没有到来，中国政府和广大企业已在不断加大与养老有关的项目投资，预计 2050 年市场潜在规模在 100 万亿元左右。相信 10 年之内中国养老 PPP 项目数量将会出现大幅度增长。

非洲草原上狮子是这样捕食的：狮子会在相对高处静静地观察前面的羚羊和角马群，以锁定自己的猎物，然后慢慢接近猎物，迅猛发起攻击。这时候，羚羊和角马会四散奔逃，狮子绝不能因为一些仓皇跑到自己身边的羚羊或角马而放弃锁定的目标，否则就会乱了自己的节奏而一无所获。项目机会分析和项目管理的关系也是如此。如果说机会分析是画饼，则需要将饼画圆，需要包含从投入到收益的全过程，特别是必须清晰说明具体的盈利点何在、盈利点的保障性何在以及盈利点的垄断性何在。项目管理则是将机会分析画的饼烙熟、烙香的过程。

所谓项目机会的"无中生有",并非是指仅凭人们的主观臆断就能产生项目,而是从自身内心对发展的渴望、对成功的追求和对解决问题的需求出发,通过发现能够帮助自己的外部利益相关方,找到自身和利益相关方之间矛盾变化的趋势,并进一步找到其恰当的结合点来创造项目的。

第4章

平衡项目利益相关方的公利与私利

匹夫有私便，人主有公利。

——《韩非子·八说》

项目决策需要回答当项目机会出现后，我们是否需要去做这个项目以及应该如何做这个项目等问题。机会只是项目开始的一种可能性，它是站在现在展望未来的判断，而决策则是要将这种判断变成一种策略，将对内外因矛盾的分析变成对能否解决矛盾的判断。内因矛盾的解决会依赖于不同的技术方案路径，而不同的路径会有不同的利益相关方来支持实现，因此，在项目决策阶段，外因的矛盾将会具体化为由实现路径而带来的项目利益相关方需求之间的矛盾。只有经过决策的过程，项目机会的分析才能转变成真正的项目。

公利来自私利的集成

基于太极逻辑的决策是根据特定情境下的利益权衡做出的，正因为根据"特定情境"，显得过于"灵活""善变"，常常呈现出"走直线拐活弯"的情况。因此，中国人在做决策时常常用更具有根本性价值需求的"目的"来作为短期成效的"目标"的重要补充，而中国人的"目的"又主要与人的长远发展有关，与风险有关，即"人无远虑必有近忧"。"目的"就是"远虑"，而"目标"主要解决的是"近忧"。这两者经常是相辅相成的。三国时期的诸多英雄似乎都是不讲诚信的，而很多人却得以成就大业，因为他们心中的理想很清晰也没有动摇。最为悲剧的是盖世英雄吕布，尽管自己有万夫不当之勇，也有陈宫等谋士相助，但因其并没有明确的目的和信念，过于在特定情境下权衡利益，最后落得白门楼被杀的惨淡结局。

项目充满不确定性，尤其是在当今这个 VUCA 世界中①（见图 4-1），正如 Google 公司的埃里克·斯密特和乔纳森·罗森伯格在《重新定义公司》②一书中所言："我们敢百分百地打包票：如果你有商业计划，那你的计划一定是错误的。只要是 MBA 式的商业计划，无论经过怎样的深思熟虑，一定在某些方面存在硬伤。"在这样的世界中，我们无法预知未来，无法用一个确定性的项目来实现目的。在很多情形下，项目的绩效指标没有达到设

---

① VUCA 是 Volatility（易变性）、Uncertainty（不确定性）、Complexity（复杂性）、Ambiguity（模糊性）的缩写。VUCA 这个术语源于军事用语并在 20 世纪 90 年代开始被普遍使用。
② *How Google Works*，作者为埃里克·斯密特（Eric Schmidt）和乔纳森·罗森伯格（Jonathan Rosenberg），其中文版由中信出版集团 2015 年 9 月出版。

定的目标，悉尼歌剧院远远超支和超期、京杭大运河劳民伤财以至于人民揭竿而起，但是，这些项目管理失败的项目却给国家长久的发展带来了促进作用。因此，有必要将"项目管理成功"与"项目成功"区分开来，如果不能区别这两个概念，也就不能界定项目决策者和项目经理的责任。项目经理对"项目管理成功"负责，而项目决策者甚至难以承担对"项目成功"的责任。

图 4-1　VUCA 的世界

与目标相比，目的更宽泛也更根本，它常常来自人们内心的愿望或渴望，具有很强的哲学味道，而目标则是目的的具体化，可以明确判断是否达成。目的是一个长久的、定性的方向，它就像数学中关于"极限"的定义：只能无限逼近，但永远不能达到。目标是指向目的的一个个具体的、可以定量的成果，它们是目的的代言者，具有很强的管理特征。

目标的设定过程是处理项目利益相关方之间的需求矛盾的过程。项目并不只是一件"临时性的工作"，而是其利益相关方一起工作的理由，是满足利益相关方各自需求的平台。一个不能满足某个利益相关方需求的项目，或者一个不能让某个利益相关方认为他的需求能够从项目中得到满足的项目，是不能称之为成功的。

项目目标的设定是利益相关方彼此之间达成交易的过程，当然，满足利益相关方需求并不意味着公平。这些交易的达成可能伴随着权力、金钱、威胁甚至死亡，但是，在常见的大多数项目中，设定项目目标最大的挑战是找到"公利"和"私利"这两个矛盾之间的结合点，并将"私利"巧妙地隐藏在"公利"之中。项目决策的重点就是解决各利益相关方私利之间的矛盾，解决的途径可以将这些私利包含在项目目标中，也可以将其隐含在项目实施方案中。

管子曰："得人之道，莫如利之。"尽管我们需要提倡"公"、赞美"大公无私"，但满足人的个人需求恰恰也是管理者的基本职能。中国人在公开场合耻于谈私，我们常常期待别人能够主动考虑我们的私心，这样大家心照不宣，既维护了自己高大上的形象，又满足了"天下为公"的社会公德。这可能就是中国人讲究"面子"的一种重要体现，也是项目目标设定中最大的矛盾。华为公司所说的"我们提倡雷锋和焦裕禄，但不能让雷锋和焦裕禄吃亏"的说法就是对这种矛盾的正确认知。

"大局观"是中国人在处理冲突时常用的词。所谓"大局观"就是希望人们考虑问题时能从更广域的范围、更大的系统、更长远的时间段去看，不要过于计较一时的利益，不要过于计较个人的得失。《左传·僖公十四年》中记载："魏文侯出游，见路人反裘而负刍。文侯曰：'胡为反裘而负刍？'对曰：'臣爱其毛。'文侯曰：'若不知其里尽而毛无所恃耶？'"这就是"皮之不存毛将焉附"这种典型中国式辩证思想的由来。

公利和私利的矛盾需要在项目设定目标阶段予以解决。先私而后公的结果可能更能够使最终的公利得以实现，而先公而后私则更容易因每个人的被迫掩盖的私心变相显露而导致对公利的侵蚀。中国俗语中的"丑话说在前面""先小人后君子"等都是对这种情境的诠释。如果忽视了这一点，就会产生低价中标而后偷工减料或试图通过合同变更来增加实际项目价格的现象。在中国合同中的"未尽事宜由双方协商解决"实际上就是为这种情境而准备的。要解决公利与私利之间的矛盾，经常需要通过反复的试探才能完成，要意识到合同中写明的"需求"不等于真实的"期望"，但中国人的需求不会直接说，主动了解很重要，这是个"面子"问题。尽管合同的白纸黑字很重要，但中国人很聪明，常常能够创造性地想出"上有政策下有对策"的方法来保证自己的利益。

人们的利益需求会随着地位和时间等的变化而变化，一般说来，利益需求不能简单用金钱来表示，也不是静态的。在中国俗语中有"一分钱难倒英雄汉"的说法，也是指这种利益需求的效用会有时效性。在项目决策分析时，时间是个很重要的参数，它可以用来置换项目所需要的很多其他资源。

项目的目的并不是像表面上那样为了得到一座房子、一件新产品等，项目产品的技术指标并不是项目的真正目标，项目的真正目标在于满足各利益相关方的需求，项目是满足这些需求的平台。在制定项目决策时，需要将利益相关方的真实需求与项目产出物的技术指标区分开来。"得道多助失道寡助"，只有能够让其利益相关方认识到并认可通过参与项目能够满足自身的需求的项目才是值得启动的。因而，项目成功的责任不能仅仅放在以项目经理为主的项目团队身上，而要使项目利益相关方共同承担起各自的角色责任，项目任务书并不仅仅是下达给项目经理的，而是要以不同的名称下达给所有利益相关方。正如管子所言："非一令民服之也，不可以为大善；非夫人能之也，不可以为大功。"

管理措施需要符合人性才能达到预期的效果。"反常就是妖"，大公无私、公而忘私的人是极少的，"主观上为自己、客观上为他人"是正常现象。在项目目标设定的过程中，要特别提防那些满口高尚词汇的、正义凛然实则别有用心、居心叵测的人，正如冯道在《荣枯鉴》中所言："外君子而内小人者，真小人也；外小人而内君子者，真君子也。"因此，在设定项目目标时，需要"先小人后君子"，先考虑到利益相关方的个人需求，然后再让其明白只有其承担相应的责任才能以此交换得到需求的满足，才能期望他们树立公心，"公心""公德"需要建立在换取各自需求的最佳性价比的交易基础上才能够实现（见图 4-2）。

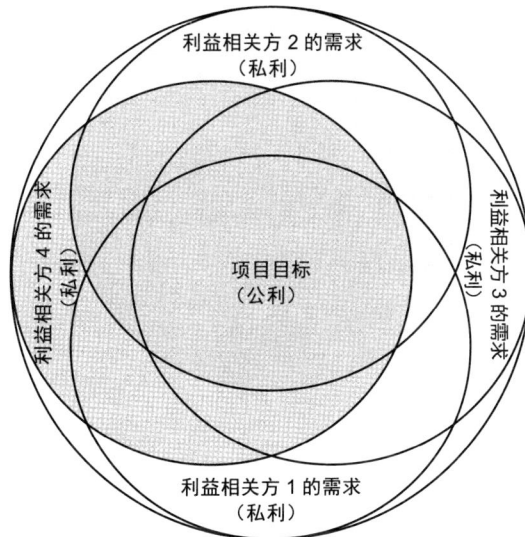

图 4-2 公利来自各利益相关方私利的综合

项目目标是项目利益相关方需求的综合，每个人都会站在自身需求的角度去看待项目。传统的由工期、质量和费用构成的项目目标"金三角"其实也只是项目甲乙双方需求的一部分而已。《管子》中说："必得之事，不足赖也；必诺之言，不足信也。"不满足个人需求，只考虑组织目标的项目一般都难以成功。

做人和做事的对立统一

越是变化的世界，我们越需要内心的稳定，只有内心的稳定，才能找到一个参照物，才能通过全面对比而更清晰地看到外界变化。《大学》[①]中有言："知止而后有定，定而后能静，静而后能安，安而后能虑，虑而后能得。"这也就是中国人常说的"定力"。

所谓项目利益相关方，是指与项目之间存在利益关联的各方，没有项目的存在，"项目利益相关方"就失去了存在的依据，但是，没有"项目利益相关方"，项目也就不存在。为了解决这种先有鸡还是先有蛋的问题，可以从我们自己的需求出发，采取"主观上为自己，客观上为他人"的中庸策略。当自己的需求明确以后，那些能够对自己目标产生影响的人就成为自己的利益相关方。当然，对他人而言利益相关方的识别也是如此。项目利益相关方不仅是个相对于项目而存在的概念，更主要的是相对于人的需求而存在，在中国的俗语中就是"要做事，先做人"。

项目治理的核心就是建立关系，即根据需要在项目利益相关方之间建立各种各样的关系。这些关系有些是权力关系，有些是经济关系。但不管如何划分，也不管利益相关方是来自同一个企业还是不同的企业，在这些关系中人际关系是万万忽视不得的。

孔子曰："己所不欲，勿施于人。"这句话在商业社会中存在局限性，因为它假设人们的价值观是一样的。正如司马辽太郎所言："从古到今，人类创建出许多理论体系，并信奉这些体系。

---

① 《大学》原为《礼记》第四十二篇，约为秦汉之际儒家作品。一说曾参所作。

其实大多数体系都是建在谎言这样脆弱的基础上的。刘邦没有学识，也正因为他没有学识，不论是儒家还是道家学问中那种虚伪的东西，他也没有沾染。"对于项目治理来说，利益相关方的价值观很可能是不一样的。会做人，是以自己的价值观为中心的，而做事则要在所有利益相关方的价值观中取得一个彼此都接受的解。工作中做事，生活中做人，两者是并联关系而不是谁先谁后的串联关系。将二者区分开来，可能既能做人又能做事，将二者混为一谈则很可能难以成事，最终也难以做人。

注重做人的人会要求做事的方式符合其做人的原则，而注重做事的人则要求做人的方式符合其做事的原则。这就是为什么管理就是"用正确的人按照正确的方式将正确的事情做正确"的原因。项目治理要想成功，首先项目必须是正确的，是符合利益相关方价值需要的。确定了正确的事，才能谈到寻找正确的人。注意，这里说的是正确的人而不是好人或坏人。好人和坏人是针对我们的价值观而言的，而正确的人则是针对任务而言的。当然，正确的人并不排除他们也符合我们的价值观，但要小心的是，我们的价值观未必是别人认同的、未必是正确的、未必是有效的。

在 VUCA 的时代中，识别项目利益相关方不是一次性的瀑布型过程，而是不断试错的螺旋式演化过程（见图 4-3）。

第一步，确定自己的期望和目标。很多人并不知道自己真正想要什么，我们常常把目标和达成目标的手段混为一谈。一个简单的例子就可以说明这个问题：在企业进行市场计划时，常常将更多的精力放在分析竞争对手上而不是放在分析客户需求上。我们习惯性地认为打败了竞争对手就等于赢得了顾客，就等于得到了自己想要的东西。因此，在项目竞标时打价格战是家常便饭。等打败了竞争对手后，为了弥补价格战造成的恶果，偷工减料、变相加码、"胡子工程"、"钓鱼工程"等现象层出不穷，其结果是既损失了信誉也损失了长期利益。这种不会做事的结果将导致做人也不厚道。中国人做生意不太相信合同，而相信关系、相信朋友，可是，因为"宰熟"而使朋友之间反目成仇的情况也屡见不鲜。由于自己的目标定义不清，执行过程必然不坚定、必然容易受到其他机遇的诱惑，从而使项目价值联盟可靠性很差，项目治理结构也很不稳定、很不可靠。

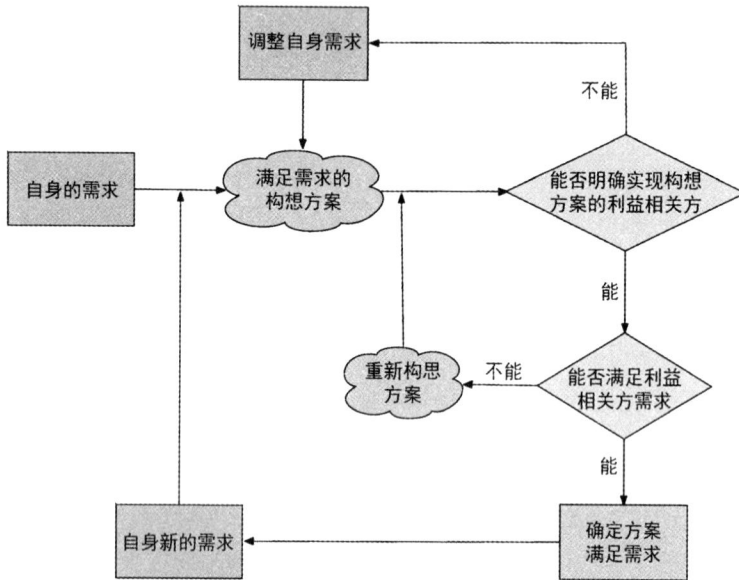

图 4-3 项目利益相关方识别迭代发展过程

第二步，识别利益相关方究竟是谁。项目很少能够由自己独立完成，要想得到自己想要的，首先需要给予别人他们想要的。识别清楚项目利益相关方不是一件容易的事，合同上的图章只是办公室里的一个办事员盖上去的，真正对项目有影响力的一般是在幕后的人，这也是中国为什么有"后台老板""某某人后台很硬"之说。项目治理中的利益相关方对项目的根本支持在于提供相应的资源，包括资金、信息、人员乃至权力。然而，拥有资源的人和能够支配资源的人是两回事。"县官不如现管"，我们需要费一番心思才能找到真正管事的人，特别是他们与我们不在同一个企业时这点尤为重要。这还不算难，难的是我们还必须一次性找对人。如果你不小心找错了人，就像在高速公路上走错了一个路口一样，会走很长一段冤枉路，甚至会走入死路。那个真正的利益相关方可能就坐在隔壁的桌子后面看你的笑话。

> 在中国的文化中，从来就没有纯粹的正式组织，总是正式组织中夹杂着非正式组织，而且非正式组织的力量常常要大于正式组织的力量。正像毛泽东所言："谁是我们的敌人，谁是我们的朋友，这是革命的首要问题。"项羽对自己同姓人总是十分信任，但刘邦正好相反，对自己的亲人很冷淡。这样的结果是，外姓人因得不到重用和有实惠的赏赐而对项羽灰心，但刘邦则凝聚了很多外姓人，没有亲情牵挂反而使外姓人看到公平和希望。

第三步，识别利益相关方的需求和期望。识别利益相关方很困难，但识别利益相关方的需求和期望则更困难。中国人好面子，一般不会赤裸裸地说出自己的期望，特别是顺便想在项目中夹杂点私人的利益时更是如此。麻烦的是，我们一般都会在项目中夹杂私念，有时候甚至私念比项目公开的利益更重要。"你先说说看"就成了谈判中常见的表达方式。这种方式后面隐含的意思是"你猜猜看我想要什么"。这时候真应了"谁先说谁先死"那句话，先说的人会冒很多风险。所以，有经验的老手总是要花费一番精力去搞铺垫，去了解对方，去装作喜欢对方。等到坐到谈判桌上时，大多成竹在胸，只是走走程序了。这还不算困难，最难的是对方也不知道他们自己的期望和要求是什么。这种由于混沌而呈现出来的东拉西扯、反复无常和"无欲则刚"才是对我们真正的考验。这时候需要我们比对方还要了解他们。

> 刘邦比项羽更了解人们为什么跟着他，因此要官给官（反正没得到天下前，对这些官位也不能太当真）。更主要的是，刘邦知道士兵们并没有很高的觉悟，他们中的绝大多数人是为了解决饿肚子的问题才跟着他。在打仗时，刘邦总是很看重粮道，更有萧何这样的人才帮他筹措粮草。项羽总是勇往直前，无暇顾及这一点。在广武山上，一方守着米山，一方守着石山，对峙了一年。尽管项羽一出场就能将刘邦的将军吓个半死，但最后自己也饿得起不动马，只能坐轿，只能与刘邦言和。

第四步，寻找满足利益相关方需求和期望的途径。定义清楚了问题，方案很多时候是明显的。我们常常认为方案困难，其实原因在于上面三个步骤没有完成好。在项目治理中，这一步的问题是由项目经理来回答的，他们需要使用这些由利益相关方提供的资源来制定项目计划去满足他们的期望和需求。

> 刘邦很了解韩信，因此会对韩信的使者说"为什么要做临时的齐王，这太小气了，要做就做真正的齐王"，并立刻命人赶制印玺，派张良亲自送去。项羽则不然，他对部下很疼爱，部下受伤后，他会亲自喂饭乃至流泪，但要赏赐时却会将印玺在手里磨圆了也舍不得交出去。

第五步，不断监控、调整以确保事态向实现自己目标的方向进展。项目有生命周期，在生命周期的各个阶段会有一些利益相关方退出，也会有一些新的利益相关方加入。找不到利益相关方的方案是不可行的，每次利益相关方的变更都会进行第二、第三、第四步的迭代，有时候甚至需要修正自己的目标，将第一步也纳入迭代的过程中去。

"关系网"是中国人做生意时必须要考虑的问题。对于项目来说，其利益相关方之间并非仅存在各自与项目之间的星形关系，而是除项目之外还有很多其他的联系，这些联系使利益相关方之间的关系构成复杂的网络（见图 4-4），每一个网络节点和关系路线都可能会对项目产生影响。

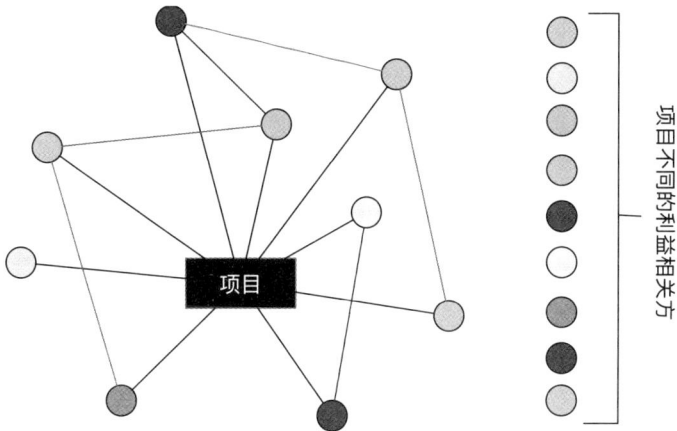

图 4-4　不同项目利益相关方之间的关系网

可行的背后是风险

项目决策都会经过可行性分析的过程，但是，为什么经过可行研究论证的项目实际上经常不可行？

毛泽东指出："我们的口号是：一、不做调查没有发言权。二、不做正确的调查同样没有发言权①。"他认为："对矛盾总体和矛盾各方的特点都不去看，否认深入事物里面精细地研究矛盾特点的必要，仅仅站在那里远远地望一望，粗枝大叶地看到一点矛盾的形相，就想动手去解决矛盾（答复问题、解决纠纷、处理工作、指挥战争）。这样的做法，没有不出乱子的②。"人们在决策过程中，第一步并非是收集资料，而是先提出假设，再在假设的基础上去收集资料，以对假设进行验证。常见的可行性研究是建立在一系列假设的基础之上的，对项目的技术方案、经济效益等进行分析以得出结论。但是，在这些分析中，不顾项目的特殊性，没有深入研究项目的内外因情况而照猫画虎的现象也十分普遍，甚至有为了项目得到批准而提出不切实际的假设、出现伪造数据或修改事实以迎合结论的情况，这就是人们会将"可行性研究"称为"可批性研究"的原因。

要解决这个问题，需要运用辩证逻辑，需要从"可行"的反义词"风险"方面着手，当项目风险能够得以管控，项目自然就可行了（见图4-5）。项目的风险经常源自利益相关方在公利和私利之间权衡的结果。

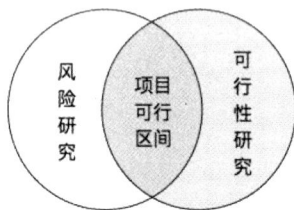

图 4-5　项目可行区间来自可行性研究和风险研究的交集

佛经上讲"相由心生"，世界是客观存在的，但是在每个人的思想中

---

① 见《毛泽东选集》中的《反对本本主义》。
② 见《毛泽东选集》中的《矛盾论》。

却并不是一样的，这种不一样会导致人们在解读数据时有意无意地进行筛选以挑选满足自己心理预期的数据。

一般的项目风险识别都会考虑很多与项目特征有关的因素，如资金、环境、设备、材料等，这些风险因素由于随项目不同而不同，识别这些风险不仅需要依赖于"行家"的经验判断，而且很多因素是难以管控的。然而，按照辩证逻辑，我们可以将风险分为简单可控的两大类：一类是与项目利益相关方个体属性有关的风险，如技术能力、资源拥有量等；另一类是与利益相关方社会属性有关的风险，即项目的组织架构和组织运行机制。除了这两种风险外，其余的风险是不可管理的，因而可以用另外一些词来代替那些风险，如"运气""命""不可抗拒的外力"等。第一类风险的管控在于选择，第二类风险的管控在于事前的设计。

可行性研究的目的就是要使"管理走在问题的前面"。无论是对第一类还是对第二类风险的管控，其主要矛盾都在于"责任"和"承担责任的可靠性"两者之间的对立与统一关系。每个利益相关方介入项目，其责任范围是有限的，这种有限性不仅与其需求或权益的范围相对应，也与其个体属性和社会属性相对应。有人承担责任并不意味着他能够担得起这个责任，也并不意味着他愿意承担这个责任。因而，"用人要疑，疑人要用"远比"用人不疑，疑人不用"来得合理。当然，前者需要秘而不宣，后者则需要大张旗鼓。正如《度心术》①中所言"愚人难教，欺而有功"，在管理者的职业道德中，诚实与否并非等同于有效与否，或者说"我可以承诺不说假话，但可以选择说话的方式"这种做法更有效。过于强调社会公德，而忘掉了职业道德的社会必然是充满矛盾和虚伪的社会。

---

① 五代时期的冯道（882—954 年）所著。

项目决策的矛盾归根结底是利益相关方之间利益和责任等的博弈，是一个帕累托最优的结果，而其基层的矛盾则体现在为公还是为私的矛盾上，是"我们来自五湖四海，为了共同的目的走到一起"与"我们来自五湖四海，为了各自的目的走到一起"之间的矛盾。解决这个矛盾的方法一定来自两者兼顾，而始动点则是某个或某些人的私利。公利为私利之交集，没有私利的公利是虚无的；私利为公利的根本目的，没有公利的私利会缺乏可持续性。

在项目的可行性研究中，要尽量厘清利益相关方之间的需求关联，只有这样才能知道激励和管控利益相关方的切入点。可行性研究中常见的错误是忽略了人的需求而注重项目成果的技术指标，或者注意了一个组织的需求而没有注意到具体的个人的需求。"阎王好见小鬼难缠"是项目沟通中常见的问题，其原因在于"阎王"和"小鬼"的需求不一致，对"阎王"可以谈一个组织的价值需求，而对"小鬼"则需要让他们认可项目对其个人的利弊。"条条大路通罗马"，要达到同一个目标一般会有多个方案，在项目可行性研究中，要尽量选择能满足利益相关方个人需求的技术方案。满足利益相关方需求的方式也是一种需求，对中国人而言尤其如此。"君子不吃嗟来之食""宁为玉碎不为瓦全""不为五斗米折腰""当面教子背地教妻"等均是表明以体面的方式满足利益相关方需求的重要性。

正如可行与风险之间是对立统一关系一样，项目利益相关方之间对彼此的需求及需要承担的相应责任也是对立统一的。这种对立统一关系同样需要在可行性研究期间予以明晰，这是决策的前提，可行性研究阶段就是项目决策的太极阶段。

一般说来，明晰利益相关方彼此之间需求和责任的方式是合同，但与西方认为的"凡是不能落实到纸面上的承诺都不能算数"不一样，中国的信守承诺的方式是多样化的，相比法律、合同的强制约束而言，中国人从内心更容易对道德约束产生依赖，甚至产生不切实际的幻想。

中国人的传统文化中有很多鼓励诚信的内容，如"人无信不立""君子一言，驷马难追""人而无信，不知其可也"等，相对而言，法制意识则稍显淡薄了一些。人们常常羞于在台面上将需求和责任的意义澄清并将其写到合同中，我们更愿意让对方来替我们澄清我们的需求并主动澄清他们的责任。当出现冲突时，我们习惯于协商而不是对簿公堂，这也是合同中常常包含"未尽事宜由双方协商解决"这种关键语句的原因。

"把坏人留给制度，把好人留给自己"是中国人解决矛盾、保留面子的中庸之道。要做到这一点，在合同签订之前，需要采用结构化的方式以减少风险发生的可能性，而不是等到风险发生后再追究责任人。这种结构优化的方式如图 4-6 所示。在合同中，甲方的任何需求都需要在乙方的责任中找到对应的内容；同样，乙方的任何需求也需要在甲方的责任栏目中找到对应项。"明主听其言必责其用，观其行必求其功"①甲乙双方对责任的承诺都存在兑现的风险，因此，需要建立责任承诺与责任兑现风险之间的映射关系，并据此建立风险与管控规则之间的映射关系，找到这些映射关系才能保证甲乙双方的需求都不落空。在合同包含的内容中，至少需要包含利益相关方需求、责任以及风险管控规则这三项内容。

① 见《韩非子·六反》。

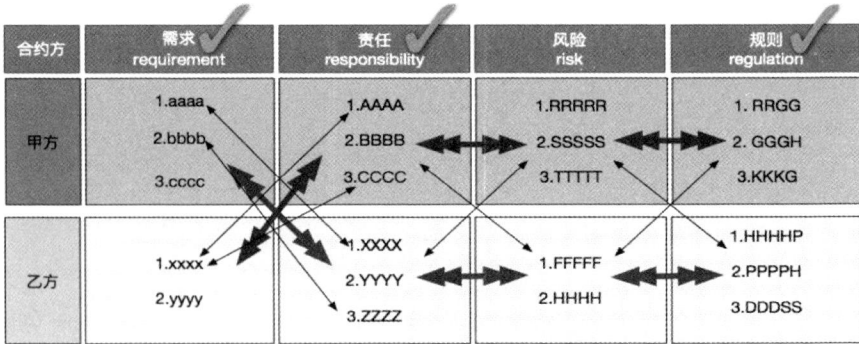

图 4-6　合同中利益相关方之间的映射关系

　　春秋时期孙武训练吴王阖闾的宫中美女，之所以能够使她们"左右前后跪起皆中规矩绳墨，无敢出声"，并且吴王也无法处置孙武，就在于孙武做到了"三令五申"，即"约束不明，申令不熟，将之罪也；既已明而不如法者，吏士之罪也"。没有责任明确这个前提的考核是无益的，而"责任明确"不仅需要责任合理，还在于沟通有效无误。中国文字中隐语很多，也有不少"只可意会不可言传"的表达方式，例如合同中的"未尽事宜由双方协商解决"、岗位说明中的"完成领导交办的其他任务"等都是如此。这些表达方式有利于在责任范围上保持一定的弹性，以适应预先难以确定的工作，但是，也会带来相互扯皮和责任不清的问题。规范的沟通有两层含义：一层是在能够格式化的方面要做到沟通文件的格式化、表格化，既便于减少理解上的歧义，也便于统计分析；另一层是在规定的项目节点必须进行沟通，沟通的内容和人员必须予以规范，以减少工作风险和提高执行效率。

解决两条线管理的民主集中制

项目并非由项目经理及其带领的项目团队承担所有的责任，它既是满足利益相关方需求的平台，也是由利益相关方协作完成的。因此，项目任务书并不只是下达给项目经理，而是应该以不同的名义下达给所有项目利益相关方，从而达到"事事有人管、人人都管事；事事有保障，人人有支持"的效果。为了使项目利益相关方能够理解各自的需求和责任、能够理解项目的目标以及达成目标的策略，一个有效组织的项目启动会议是必需的。

民主集中制是中国特色的决策机制，也是太极逻辑中中庸式矛盾解决策略的体现。"民主集中制是民主基础上的集中和集中指导下的民主相结合[1]。"对于项目来说，如何能让项目利益相关方在项目重大决策中起到恰当的作用需要回答以下两个基本问题：① 谁来负责对项目的治理？② 他们如何实现对项目的治理？

谁来负责对项目的治理？这个问题的答案似乎很明显：项目的利益相关方。但仔细想来并不简单。首先，并不是所有的项目利益相关方都能参与项目的治理。就像企业的小股东，那些在证券交易大厅瞪着大屏幕的股票持有者是没有资格也没有必要参与公司决策的，他们属于"用脚投票"的一族。对于项目治理来说，只有那些为项目提供资源，而这些资源能够对项目的进行有较大影响的利益相关方才能是项目治理的主体。当然，这里还是有模糊的地方，什么是"较大影响"？如何衡量项目利益相关方对

---

[1] 见《中国共产党章程》。

项目进行的影响？这些问题并不容易回答。不过为了简单起见，对于由多个企业参与的项目来说，各个企业均有资格参与项目的治理，对于企业内部项目来说，各个相关部门均有资格参与项目的治理。

这些项目的利益相关方并非是同时介入项目治理的，他们在项目治理中的角色将随着他们进入和退出项目而确立和解除。参与治理项目的相关方会派出代表构成一个临时的"项目联合治理委员会"，该委员会的主要职能有 4 个方面：确定项目的目标和实现原则，确定项目利益相关方的治理角色，确立利益相关方之间的利益分配方式，协调和仲裁项目治理角色之间的冲突。这些利益相关方派出代表充当了各企业对该项目的发起人的角色，他们是各自的企业的代言人，有足够的权力来建立该项目与其所在企业的其他项目之间的优先次序。

项目联合治理委员会将如何实施对项目的治理？除了我们以前说的 4个 R（识别其他相关方的需求、确定满足他们需求的角色、识别治理角色兑现的风险和建立化解治理角色之间的关联关系）外，重要的作用在于它充当了一个临时组织的首脑机关，而正是由于这个首脑机关的存在，我们可以将企业之间的关系建立成类似于企业内部部门与项目之间的关系（见图 4-7）。

各相关企业作为项目资源的提供方，根据项目经理的需求向项目提供资源，包括人员、设备、设施、资金、信息、工具、方法等。项目经理将运用这些资源完成项目任务，并对这些资源的有效性向项目联合治理委员会提出报告，项目联合治理委员会会对此进行仲裁和通过相关资源提供源对资源予以奖惩。在资源退出时，要将在项目中积累的知识带回去。

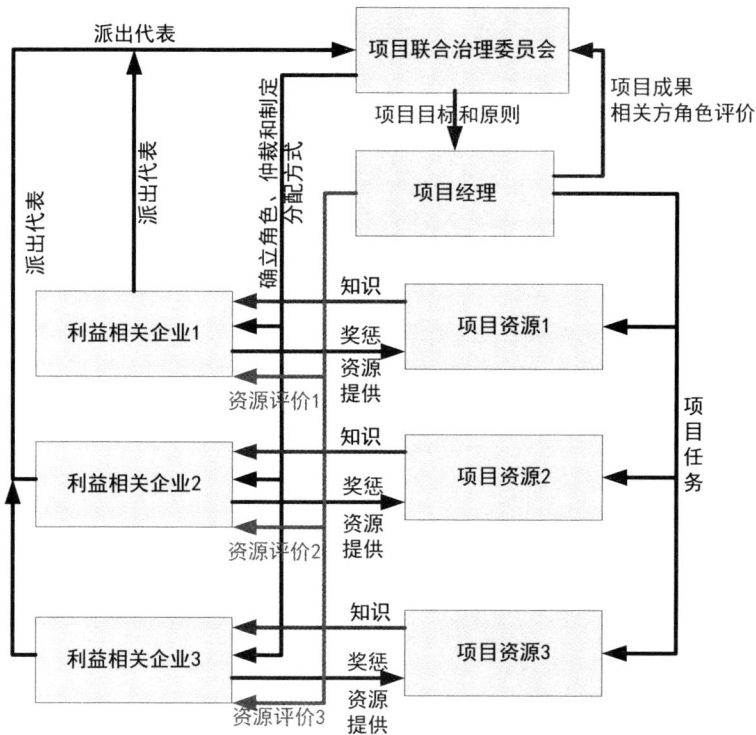

图 4-7　多企业项目治理角色的组织关系

即使如此，也只是减弱了由于各个企业为了照顾其局部利益而导致某个具体项目失败的可能性，并不能使这种可能性降低为零。民主集中制的优点在于集合了集中制带来的高效率和民主制带来的低风险两者的优点，这是一种解决对立统一关系的中庸方法。项目涉及多个知识领域和多方利益主体，如果不经过集思广益的民主过程，将各利益相关方的私利考虑到，在项目实施过程中就会产生阳奉阴违的情况；由于利益冲突，难免产生很难达成一致的情况，这时候集中就有必要，否则就会产生议而不决的情况。

民主集中制还有一个重要价值。项目是临时的，但是项目对一个企业、一个地区的价值可能是长久的。此外，即使在项目期间，利益相关方的参与过程也是动态的，项目决策者甚至也会换人，如何解决这些动态利益相关方、临时性项目与长久性组织和长久性项目价值之间的矛盾就需要通过民主集中制。因为项目利益相关方不会在同一时间全部离开项目，因此，经过民主集中制形成的项目决议就有相对的稳定性。对于 PPP 项目这种投资额巨大、项目周期很长、利益相关方众多的项目来说，基于民主集中制的决策机制尤其重要。

项目决策不仅是建立在技术方案是否可行、经济效益是否可行的基础上，更是建立在对利益相关方需求的挖掘、建立在项目利益相关方对项目成功的共同理解之上。开好项目启动会，将有关项目的决策结果通知给大家并进行宣传，在利益相关方之间统一对项目价值和各自责任的认识。"统一思想"是中国管理人员常说的一句话，决策之前需要在决策参与者之间统一思想，决策之后需要在决策实施者之间统一思想，只有经过几次这样的民主集中制，项目的决策才算是完成了。

第 5 章

融合项目生产力与项目生产关系

夫总文武者，军之将也，兼刚柔者，兵之事也。凡人论将，常观于勇，勇之于将，乃数分之一尔。

——《吴子兵法·论将》

　　所谓"一将无能累死三军"，项目经理是项目管理的核心人物，选择合适的项目经理是项目治理的重要工作，也是决策的重要依据。但如果项目需要多种不同文化、不同部门、不同知识领域的人合作时，项目班子就比项目经理更重要。"任何一个领导集体都要有一个核心，没有核心的领导是靠不住的[①]。"如果说项目经理是关键的项目生产力，那么项目班子（即项目管理团队）的组成和运行机制就是项目生产关系，而这种生产力与生产关系的互动是项目管理中重要的一阴一阳对立统一关系，这种关系的要素在于班子成员的职业道德、胜任能力、工作机制以及项目经理的凝聚力，这些要素的形成无不充满中庸智慧。

---

① 邓小平在 1989 年 11 月 12 日会见参加中央军委扩大会议全体同志时的讲话中提出。

班子大于个人

俗语说:"一个篱笆三个桩,一个好汉三个帮。"要想找到一个各方面都很优秀的人很困难,而由各方面都优秀的人组成一支有效的团队更困难。特别是对于围绕项目组织起来的临时性的、由来自多知识领域和多组织的人员构成的项目组,团队建设尤其困难。这些人员的知识结构、思维习惯、经历和需求都不一样,既没有时间磨合,也不会在项目结束后长期合作,他们往往缺乏团队建设的意愿,也没有团队建设所需的时间。在这种情况下,抓好项目班子的搭配比依靠一个优秀的项目经理更有效,选择好合适的班子成员、抓好班子建设比抓好整个项目团队的建设更有效。

项目班子是联结项目生产力和项目生产关系的纽带(见图 5-1)。人们通常认为人才是重要的,早在两千多年前,管子就提出了"以人为本"的思想。但是,"以人为本"的实质不仅包含着"人才是第一生产力"这种认识到人才的重要性,以及由此引起的尊重人才这样的理念和政策,更包含着我们在治理国家、管理企业、开展项目等各项工作中需要"以人作为考虑问题的根本、以人作为工作的目的之本"这样的思想。项目的有效完成和产生价值,不仅需要个体的、来自各相关专业领域的人才,也需要将这些人才有效组织起来的生产关系。在联结项目生产力和项目生产关系方面,项目班子起着不可或缺的作用。有了好的项目班子,项目生产关系就有了着力点,个体人才的价值作用就能相互协调合作,就能产生一加一大于二的效果;有了好的项目班子,才能有效识别、开发和使用个体人才各自的潜力,才能为形成有效的生产关系提供必要的要素支撑。

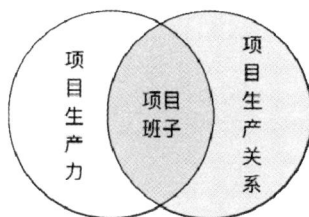

图 5-1 项目班子联结项目生产力和项目生产关系

在围绕项目这种需要多种知识领域才能完成、临时性组合起来的任务中，每个人都可能是怀着不同的期望加入的，仅靠传统的权力、物质激励甚至于精神激励都难以起到明显的效果。由于项目组成员来自不同的部门或知识领域，因而靠项目经理的权力和权威所起的作用有限；由于项目是临时性的，因而需要长期合作才能形成的信任和忠诚度等心理契约也很难奏效。在这种环境下，传统意义上的团队模式可能会成为奢望，一个去中心化的，按照各自分工有事则聚、无事则散的协作机制将会更现实，也更有效。

中国文化注重系统性，讲究天人合一、讲究虚实结合。与西医相比，中医更注重人的健康与环境、饮食等方面的关联关系，也更注重通过这些关联关系进行非线性、非直接关系的健康管理。中医强调事前的"养"和事后的 "治"结合、实体的"血"和虚体的"气"结合等。中医将人看成与环境之间存在互动关系的开放系统，天气、节气等都可能会成为致病因素，也可能成为治病因素；身体的每一部分都与整体有关系，因此可以通过迂回式的按摩、拔罐等来对病灶进行治疗或预防。在中医中有"用药如用兵"之说，中医认为高明的医生就像将军一样懂得排兵布阵般用药，"理""法""方""药"是中医学关于诊断与治疗操作规范的四大要素，而"君、臣、佐、使"①则是分清主次、相互制约又相互补充协调的用药之法。使不同药物形成一股强大的药力，去攻克疾病的堡垒。

项目为解决矛盾而存在，也需要发现主要矛盾所在并采取恰当的用药方式。项目策略是解决方案，项目班子则是药。班子的构成也可以参考"君臣佐使"的方式进行选择搭配。阳光越强烈，影子越黑暗，有明显优点的人往往缺点也很明显，这就需要选择合适的团队成员并予以有效的配合。项目经理并不一定要是最优秀的人，但他应该是最有凝聚力的人，而能干活的技术型人才、能提供资源保障和工作规则的行政型人才、能够提供创意和帮助项目经理出谋划策的思想型人才、能够化解矛盾的协调人等是一个优秀的项目班子必要的组成部分。

在中国，很多人都知道"钱学森之问"，即"中国为什么出不了大师？"，而民国时期清华大学校长梅贻琦"所谓大学者，非谓有大楼之谓也，有大师之谓也"的教育名言更是为世人所推崇。如今很多高校都据此展开挖人大战。在这些身价日高的被挖的"大师"和"准大师"中，几乎看不到从事大学管理工作的人员，这种生产力和生产关系的严重失衡究竟会形成什么样的效果令人担忧。在"两弹一星"项目期间，身兼科技和行政两种才华的人是少之又少的。我们推崇钱学森、邓稼先、郭述怀等著名科学家没

---

① "君臣佐使"是中医的组方原则。这种组方原则最早见于《黄帝内经》。《素问·至真要大论》说："主药之谓君，佐君之谓臣，应臣之谓使。"元代李杲在《脾胃论》中再次申明："君药分量最多，臣药次之，使药又次之。不可令臣过于君，君臣有序，相与宣摄，则可以御邪除病矣。"《神农本草经》也提出："上药一百二十种为君，主养命；中药一百二十种为臣，主养性；下药一百二十种为佐使，主治病；用药须合君臣佐使。""君"药是方剂中治疗主证，起主要作用的药物，按照需要，可用一味或几味。"臣"药是协助主药起治疗作用的药物。"佐"药是协助主药治疗兼证或抑制主药的毒性和峻烈的性味，或是反佐的药物。"使"药有引导各药直达疾病所在或有调和各药的作用。

错，但是，"两弹一星"项目也离不开张爱萍等优秀的行政管理人才的奉献。从发展趋势看，以往将一个个诺贝尔奖归结于某个或某几个科学家的时代很可能会成为过去，因为越来越多的发明创造很难说清是谁的功劳了，它们大多是动态项目群体的产物。

在中国历史上，有很多项目经理能力不太优秀但项目班子卓越的情况，也有不少项目经理能力超群但项目班子一般的情况，当然，也有少量的项目经理能力卓越且项目班子也优异的情况。

项目经理能力不太优秀，但项目班子卓越的典型案例是夺得大汉江山的刘邦的团队。与"力拔山兮气盖世"的西楚霸王项羽相比，刘邦无论是道德、才华还是家世带来的人脉关系都要逊色不少，甚至可以说他与项羽根本没法比。刘邦的本名叫刘季，换句话说就是刘老三，而其父亲在史书上一直被称为刘太公，也即刘大爷，并未有像项燕、项梁和项羽这样正儿八经的名字。项羽做事恩怨分明，有很强的气节，注重爱情。而刘邦则相反，做事原则模糊，行径无赖，还是好色之徒。项羽能够因为无颜见江东父老而自刎；刘邦则百战百败，在逃跑的途中居然嫌自己的儿子碍事多次将他推下马车。项羽会心肠善良地放掉刘邦的父亲，而刘邦则会谈笑自若地告诉项羽可以将煮其父的汤分一杯给自己喝。项羽手下拥有范增、钟离昧、龙且、周殷等出众的人才，而刘邦手下则大多是像陈平所说的"贪图私利、缺少节义，废物一样的人"。可是，刘邦得到了天下！原因在于刘邦有一支优秀的管理班子。这个班子弥补了刘邦个人在才能、人品等方面的不足，它的建设和角色分工很值得项目治理者在选择项目经理及组建项目团队时参考。

刘邦曾经说过："夫运筹帷幄之中，决胜千里之外，吾不如子房；镇国家，抚百姓，给饷馈，不绝粮道，吾不如萧何；连百万之众，战必胜，攻必取，吾不如韩信。三者皆人杰，吾能用之，此吾所以取天下者也[①]。"从项目角度看，张良辅助项目决策、萧何为项目实施提供资源、韩信完成项目任务，而刘邦本人则是项目经理，他来决策并满足团队成员的心理期望。如果说刘邦是君，那么萧何可以比作臣、张良是佐、韩信是使，这也就是刘邦将萧何说成是"功人"而韩信则是"功狗"的原因。

> 汉五年，既杀项羽，定天下，论功行封。群臣争功，岁馀功不决。高祖以萧何功最盛，封为鄼侯，所食邑多。功臣皆曰："臣等身被坚执锐，多者百馀战，少者数十合，攻城略地，大小各有差。今萧何未尝有汗马之劳，徒持文墨议论，不战，顾反居臣等上，何也？"高帝曰："诸君知猎乎？"曰："知之。""知猎狗乎？"曰："知之。"高帝曰："夫猎，追杀兽兔者狗也，而发踪指示兽处者人也。今诸君徒能得走兽耳，功狗也。至如萧何，发踪指示，功人也。且诸君独以身随我，多者两三人。今萧何举宗数十人皆随我，功不可忘也。"群臣皆莫敢言。
>
> ——《史记·萧相国世家》

有人试图在张良、萧何和韩信中评判出谁的能力更强、谁的功劳更大，这种做法是没有必要的，因为这三个人对项目的作用不同，都是不可或缺的，因而都是同等重要的。即使在打下江山后非要分出个先后不可，刘邦也采用巧妙的方式做了平衡，这些都是中庸式的解决方案：在功劳排序时将萧何排在第一，然而在封赏之时，却是韩信为王、萧何为侯；至于张良，其注重名节，因而尊为帝师。

---

① 见《史记·高祖本纪》。

从史书上我们没有看到刘邦在谋略、武艺等方面的才华，也看不到刘邦这个领导班子有什么特别的团队建设，但是，班子成员之间的匹配性极佳却有明显的证据。

刘邦本人在起事之初，其地位不如萧何。刘邦在乡下还是个平民时，萧何就是朝廷基层公务员了。萧何之所以以后会追随刘邦，最朴素的理由就是"刘邦没有什么德行，却十分可爱可亲"①。"可爱"是魅力的代名词，可爱容易造成现在所谓的"粉丝圈"，这种粉丝圈不是靠利益驱动的，而是靠内心的认同和愉悦而缔结的。萧何自小吏出身，谨慎小心，最缺的、内心也最崇拜的是具有领袖气质的人。而刘邦恰恰敢于冒险、能够主动承担责任，这也是其能成为领袖的重要原因。

> 萧、曹等皆文吏，自爱，恐事不就，後秦种族其家，尽让刘季。
>
> ——《史记·高祖本纪》

张良是个出生世家、具有浓厚的家国情怀和理想主义色彩的人。这种人不太看重官位和厚禄，更会嘲笑世俗的评价标准，他骨子里清高气傲，难免在现实中曲高和寡、处处碰壁。但刘邦恰恰是他的知音，不仅能够理解他，而且能够言听计从。刘邦成了张良实现自己情怀的最佳人选。

> 良数以太公兵法说沛公，沛公善之，常用其策。良为他人者，皆不省。良曰："沛公殆天授。"故遂从之。
>
> ——《史记·留侯世家》

至于韩信，未出道之时受尽贫寒之苦和世人欺辱："始为布衣时，贫

① 见司马辽太郎著的《项羽和刘邦》。

100

无行，不得推择为吏，又不能治生商贾，常从人寄食饮，人多厌之者，常数从其下乡南昌亭长寄食，数月，亭长妻患之，乃晨炊蓐食。食时信往，不为具食。信亦知其意，怒，竟绝去。"后来在刘邦那里建功立业，蒯通劝其造反自立，韩信不从的原因恰恰在于"汉王遇我甚厚，载我以其车，衣我以其衣，食我以其食。吾闻之，乘人之车者载人之患，衣人之衣者怀人之忧，食人之食者死人之事，吾岂可以乡利倍义乎！"可见刘邦给韩信带来的心理满足程度之充分。

《史记·高祖本纪》上记载，"高祖为人，隆准而龙颜，美须髯""仁而爱人，喜施，意豁如也。常有大度"。可见，刘邦虽然游手好闲不务正业，却是个相貌堂堂、仁厚爱人、喜欢施舍、心胸豁达的人，天生有一种不同凡响的领袖气质，具有了相当的影响力和号召力。更何况他还具有神秘色彩（是赤帝的儿子，喝醉酒睡着后身上常有龙附着，住的地方上方常有云气），因此对于大多数一般将军和老百姓来说，刘邦既有明星范儿，又充满神秘色彩；既仁爱大方、让大家觉得跟着他干有奔头，又心狠手辣、让大家不敢背叛他。

萧何、张良、韩信三人之间并无深厚的友谊和团队精神，但在刘邦的凝聚之下，就能够在充分发挥好各自的优势的同时避免了各自的劣势。

德才不必兼备

德才兼备固然是最好的，遗憾的是在现实中德才兼备的人是极少的，甚至是可遇而不可求的，项目的成功在很大程度上不能依赖德才兼备的人来充当项目经理。

管理的核心是人的问题，但是，仅依靠人自身的修养提高就能将项目管好则是妄想。"金无足赤，人无完人"，仅仅指望人的才干和品德来做事是不可靠的。品德高洁之人会因其有其他弱点而做事不成，品德低下之人也可因统筹安排得当而成就事业。"要做事先做人"的理念和做法被很多人称颂，不过，被人称颂的事情未必是有效的，也未必是真实的。即使对那些在媒体上振振有词说明自己企业的成功是由于做人成功而带来的企业家们来说，其发迹的过程也未必真像自己宣扬和媒体宣传的那样。做人和做事尽管从广义上关联密切（事情总是普遍联系的），但从有效性上看，做人是做人，做事是做事，二者并不是一回事，以君子和小人、好人和坏人来将人进行简单区分不是管理者应该采用的工作方法。

趋利避害是人的本性，不能简单以道德来将人划分为"好人"和"坏人"。道德在某种程度上是自我约束的依据而不是约束他人的保证。王阳明倡导的"知行合一"同样是建立在"无善无恶心之体"的假设之上才能实现的。尽管他提倡要"致良知"，但也认可"破山中贼易，破心中贼难"。

> 口能言之，身能行之，国宝也。口不能言，身能行之，国器也。口能言之，身不能行，国用也。口言善，身行恶，国妖也。
>
> ——《荀子·大略》

希望通过人们提高修养以形成自我约束的道德在部分人身上可能会实现，但在社会大众身上则很难实现。冯道在《荣枯鉴》中提出的"君子非恶，患事无休；小人不贤，余庆弗绝""下以直为美，上以媚为忠；直而无媚，上疑也；媚而无直，下弃也；上疑祸本，下弃毁誉，荣者皆有小人之谓，盖固本而舍末也"，以及"君子不党，其祸无援也。小人利交，其利人助也"等虽然与高尚的道德水准相距甚远，但也是源于实际生活的总结，甚至是很多残酷教训的总结。

对于项目来说，项目利益相关方可能具有不同的文化背景、宗教信仰，也可能有不同的人生经历，因而，他们的价值观可能是不一样的，对道德的理解也可能是不一样的。即使是在同一个组织中，由于地位的不同，对道德的理解也会不一样。《度心术》中将德才在工作中人际关系方面的价值做了说明，即"德不悦上，上赏其才也。才不服下，下敬其恕也"。按照这种说法，对上司来说，部下有德不如有才，而对部下来说，有才则不如对人宽厚。

可见，德才兼备既很难得，也未必必要。在某种程度上，管理的价值就在于站在组织的立场上弥补个人道德上或能力上的缺陷。希望一个人同时兼备德才，也就降低了管理者的责任，降低了管理的价值。

道德与法治有一个基本区别，即道德是从内在的价值观对人的言行产生约束，而法治是从外界的利害对人的言行产生约束。因为任何制度和管理体制都会有漏洞，特别是对项目这样带有特殊性的工作来说，制度留下的空间会更大，项目经理的道德水平是弥补这些制度漏洞最重要的依靠。项目经理的工作特点是由项目的特点决定的，项目的独特性和临时性意味着每个项目的管理方式都有与企业管理制度不一样的地方或在某种程度上游离于企业管理制度之外，也就是中国俗话中所说的"将在外君命有所不受"。但"绝对的权力带来绝对的腐败"，失去约束的项目经理极有可能给项目和企业带来灾难。管子说过"上失其位，则下踰其节""使人主孤而毋内、人臣党而成群者，此非人臣之罪也，人主之过也"，意思是说上司如果不能做好自己的事情，不能尽好自己的责任，那么部下就会钻空子，就会做出一些过分的事情。

另外，由于企业日常部门（职能部门）和项目班子的立场不同（前者在企业范围内为职能负责，后者在项目范围内为成果负责），也因为项目班子干好了有明显的业绩，而项目因其特殊性必然需要赋予项目班子超出企业常规管理体系之外的一些权利，项目班子容易遭受职能部门等常规工作人员的嫉妒和诋毁。对于项目治理者来说，如何在治理机制内给项目班子足够的信任以产生"将能而君不御者胜"[①]的效果，是值得重视的问题。

> 人主之左右不必智也，人主于人有所智而听之，因与左右论其言，是与愚人论智也；人主之左右不必贤也，人主于人有所贤而礼之，因与左右论其行，是与不肖论贤也。
>
> ——《韩非子·孤愤》

在中国传统文化中，有个"用人不疑、疑人不用"的说法，这两者似乎是并列的关系，但是，"用人不疑"的隐含前提是"疑人不用"。在传统的社会中，人与人之间的关系比较稳定，人们可以在长期的交往中积累信任，在这种信任基础上，放手使用这些"不疑"的人才有了条件。人与人之间的信任不是无条件的，它需要体系的保证。"疑人不用、用人不疑"的前提条件是有管控体系的保证，失去管理体系的保障，完全依赖于人，其结果经常是悲剧，只有做到"把坏人留给制度"，才能做到"将好人留给自己"。人性中同时具有善恶的成分，这是由人作为动物的固有特征所决定的，片面地认为"人之初，性本善"或"人之初，性本恶"都是不对的，正如《度心术》中所言："利厚而逆，善者亦为；势大成异，慎者亦趋。"

---

① 见《孙子兵法·谋攻篇》。

凡人君之所以为君者，势也。故人君失势，则臣制之矣。势在下，则君制于臣矣；势在上，则臣制于君矣……令重于宝，社稷先于亲戚，法重于民，威权贵于爵禄。故不为重宝轻号令，不为亲戚后社稷，不为爱民枉法律，不为爵禄分威权。故曰：势非所以予人也。

——《管子·法法》

人们常说的在德才难以兼备的情况下以德优先，因为品德败坏的人越有才造成的危害越大，这也是值得商榷的，因为这种看法没有考虑管理的作用，没有考虑到治理机制对管理者的限制作用，仅将做事的责任放在项目经理身上。换句话说，这种观点只有在管理缺失的环境下才可能存在。相较于职能管理人员，项目经理有更大的灵活处事权力，恰当的集权与分权管理非常重要。尽管人们欣赏"将在外君命有所不受"和"将能而君不御者胜"，但它们均有极为苛刻的前提条件。任何信任都是有前提的，因为有制度在替我们做"坏人"，我们才有资格去做"好人"，否则我们只能扮演"坏人"的角色，人人都是"好人"的组织是很难成事的。《长短经》中有"任长"一说："魏武诏曰：进取之士，未必能有行；有行之士，未必能进取。陈平岂笃行，苏秦岂守信耶？而陈平定汉业、苏秦济弱燕者，任其长也。"

仅仅以德和才作为项目班子或项目经理的分类维度是不够的，这种二维分类方法忽视了管理的价值。我们应该充分认识到管理的价值和责任所在，并按照德、才和管理规则这三个维度对项目班子进行分类（见图 5-2），以便于识别不同种类班子的优缺点并对其进行任用和管控。这是中庸思想的另一体现。

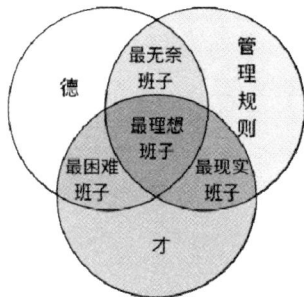

图 5-2　项目班子的种类

　　最理想的项目班子是德才兼备的并且能够按照管理规则行事的，但是，这种完美的班子可遇而不可求，我们不应该将其作为管理工作的重点。有德、有才但不愿意遵守管理规则的班子是最需要我们警惕的。一个有德、有才但不愿遵守管理规则的班子容易游离于企业的整体规则之外，容易产生局部效率并以此摧毁企业的整个体系基石。他们因为局部业绩突出、又因为能够站在道德的制高点，因而更容易得到人们的认可，给公司带来的整体损失也更隐蔽。历史上最典型的人物是关羽，他是义气、忠诚、武艺绝伦的代表，但是，他重个人价值观甚于国家战略。尽管这种人使国家遭受了重大损失，但在民间美名远扬，受到万世敬仰，不能不说是一种管理学的无奈。但是，这样的班子可以让其负责全新的、没有成熟管理体系的项目。

　　既有德也能遵循管理规则但是没有足够才能的班子是最令人无奈的。因为品德不错，他们在完不成项目任务甚至给项目带来损失时，甚至容易"令人同情"。这是一种听话而善于守成的队伍，适合按部就班即可完成的项目。

　　道德的一个重要价值在于弥补法治的漏洞，然而这种班子却容易过于依赖于管理规则而起作用。项目因其独特性，企业制定的具有普适性的项目治理和项目管理制度在具体项目面前的漏洞更是随处可见，仅靠管理规则的企业只能是平庸的，项目也是如此。有才又能够遵守管理规则但在道德上有瑕疵的班子是最现实的，也是体现管理价值、体现项目生产关系价值的重点。

与其强调宽泛性的社会道德，不如强调职业道德。职业道德是社会道德的基础，但是它又不同于社会道德。对律师来说，他们可以选择是否为一个臭名昭著的坏人去辩护，这种选择权会与他们的社会道德有一定关系，但是，一旦选择了为其辩护，就需要尽心尽力对委托人负责，就需要保守委托人的秘密。对于项目经理来说，其职业道德就是将项目的利益相关方当作委托人，在合同条款或其他约定的基础上，尽量为利益相关方的根本和长期利益着想。

项目法人制是一种很好的将德、才和管理规则结合在一起的合作方式，也是一种介于雇员和股东之间的中庸式的合作机制。人是善变的，与其期望永远的彼此忠诚，不如设定一个明确的合作期限和合作范围，步步为营，这样既可以避免合作机制滞后于合作需要的情况，又可以减少"本来要使用人的一只手，却不得不将整个人雇用过来" 的资源浪费情况。

华为没有院士，只有院土。要想成为院士，就不要来华为。

——任正非

"院土"即任正非所说的"工程商人"。企业搞产品研发，不是搞发明创造，不是要破解哥德巴赫猜想，而是要对产品的市场成功（商业成功）负责。那些拿着企业的薪水，却一心想着为人类事业探索和发现科学真理而奋斗的人，尽管可能是受人敬重的科学家，但对企业来说，却是欠缺职业道德的。企业宁可以捐助的方式支持这些科学研究，也不要将其纳入企业正常的研发序列，否则会产生不好的导向性。

在变化的世界中，越来越多的人不再依赖于某个企业长期生存，他们更忠实于自己的职业。高水平的专业分工和动态的协作机制是未来越来越多的项目形态。为了在动态的项目机会中找到自己的角色、增加被合作的能力，人们不仅需要提高自己的专业性业务能力，更需要提高自己的职业道德，因为良好的职业道德会大大降低对动态项目利益相关方的管理成本。如何对职业道德进行评价和认定将是未来人员管理的重要课题。

职业道德的第一个组成部分是其拥有一种职业情怀，它起源于人们对自身职业的尊重，体现为追求职业价值的热情和坚守。"三句话不离本行"就体现了人们对专业的热情，这种热情已经自然而然地变成了其生活的习惯。职业道德是促进人们思考和解决职业问题的内生动力，它能够使人们在风险和挫折前百折不挠，它是避免因项目的临时性而使人们产生短期效应的保障。

职业信誉是职业道德的第二个组成部分。项目都有不同程度的创新性，需要靠职业信誉来保证这些创新性工作的质量。中国有句俗语，叫"字如其人"，在为临时性工作而组成的项目班子中，人与人之间未必有很深的了解，也没有时间去深入了解，只能将对工作质量的判断转移到对承担这些工作的人的信誉判断上。这个信誉会由其履历和过去合作伙伴来提供。

职业道德的第三个组成部分是其承担责任的主动性。每个项目都有创造性，而创造性意味着风险。项目班子成员需要具备开放的心态，需要具备勇于承担这些风险的勇气。如果项目班子墨守成规，不愿意放弃各自过去成功的经验，这个班子一定是很糟糕的。不推卸责任是职业道德的一个重要评价标准，它也是作为项目领导班子的必备条件。

依靠行政权力来管理项目的难度越来越大，因为项目利益相关方来自不同组织、不同知识领域，他们专业的不可或缺性和行政隶属关系的独立性决定了项目经理不能靠命令指挥的方式来发挥所谓的管理作用。项目经理经常是头衔上的"经理"，他们的权力、权威、影响力的作用程度在减弱，而作为协调人、行政事务服务员和思想工作者的作用程度在加大。在此趋势下，人品、个人魅力和能够主动承担责任的意识、勇气和能力将变成判断项目班子成员能否胜任的重要判断指标。

对于项目经理这个特定的角色而言，职业道德还需要一个重要的前提，就是价值观坚定。项目经理的凝聚力来自对价值观的坚守和对不同种类合作伙伴的包容。这也是一种中庸之道。只有具有坚定的价值观，才能在变动、未知的项目过程中探索出一条出路，才能够既保持因地制宜的灵活，又不迷失初心，才能够容易在利益相关方之间的冲突中找到存在共识的地方，也才能够包容利益相关方因为专业、立场、个性等引起的本位思想和方法冲突等。

> 坚定正确的政治方向，艰苦朴素的工作作风，灵活机动的战略战术。
>
> ——毛泽东于 1938 年为中国人民抗日军政大学的题词

明朝首辅张居正在推行吏治改革时，倡导要重用"循吏"而慎用"清流"。他把做官的人分了几类：一为无能的贪官污吏，这些人是地地道道的官场寄生虫；二为清流派。他们行为端正，忠君爱民，可是这些人往往沽名钓誉，做事不肯变通，到头来自己留个清官的美誉却做不成几件实事；三是循吏，他们做事不拘形势不拘小节，力求把事情做成。第一类人要去除，第二类人做言官尚可，而张居正真正欣赏和重用的就是循吏。清流重在做人，循吏重在做事。可是如果只讲做人而不会做事那只能是一个庸吏，反过来能办成事却不洁身自好的就是贪官。"循吏"注重的是职业道德，而"清流"注重的是社会或伦理道德。在项目这样面向特定性目标、由临时性利益相关方合作完成的任务中，"循吏"的重要性同样大于"清流"，《长短经》中赵蕤对儒学提出的批评"能传圣人之业而不能干事施政是谓儒学"是值得大家反思的。

胜任才是人才

找到优秀的项目经理、优秀的项目班子并不容易，因此需要用合适的管理机制来弥补这种不容易。管理本来就是有残缺的美。没有绝对优秀的项目经理，但有相对统一的选择项目经理的标准，人无完人，项目经理有缺陷并不可怕，因为完美不是选择项目经理的标准，能力与角色匹配形成的胜任才是，项目经理的能力需要与他们在项目管理和项目治理中扮演的角色相匹配，需要因其需要解决矛盾的变化而变化。

> 帝者与师处，王者与友处，霸者与臣处，亡国与役处。
>
> ——《战国策》

人们饿了需要吃饭、冷了需要穿衣，衣服和食品的价值因人们的需求而变化。同样，人才的标准是相对于矛盾而言的，能够解决矛盾的就是人才，就有能力；不能解决矛盾的就不是人才，就没有能力。管理者需要懂得如何有效配置人员，杰出科学家担任重大科研项目的负责人、杰出学者担任大学校长、杰出的演员担任电影导演所带来的失败的科研项目、管理得一团糟的大学以及无厘头的电影的可能性比我们想象的要高，但是我们仍然有很多人将一个项目、一个大学、一幕电影的成功希望寄托在这些"救世主"身上。这种误认为一个在某些方面有特别优势的人在其他方面也同样有优势的现象在制定项目决策是需要警惕的。

> 管仲寝疾，桓公往问之曰："仲父之疾甚矣，若不可讳也不幸而不起此疾，彼政我将安移之？"管仲未对。桓公曰："鲍叔之为人何如？"管子对曰："鲍叔君子也，千乘之国，不以其道，予之，不受也。虽然，不可以为政，其为人也，好善而恶恶已甚，见一恶终身不忘。"桓公曰："然则庸可？"管仲对曰："隰朋可，朋之为人，好上识而下问，臣闻之，以德予人者，谓之仁；以财予人者，谓之良；以善胜人者，未有能服人者也。以善养人者，未有不服人者也。于国有所不知政，于家有所不知事，则必朋乎。且朋之为人也，居其家不忘公门，居公门不忘其家，事君不二其心，亦不忘其身，举齐国之币。握路家五十室，其人不知也，大仁也哉，其朋乎！"
>
> ——《管子·戒》

古语云："守文之代，德高者位尊；仓卒之时，功多者赏厚。"诸葛亮也认为："老子长于养性，不可以临危难；商鞅长于理法，不可以从教化；苏、张长于驰辞，不可以结盟誓；白起长于攻取，不可以广众；子胥长于图敌，不可以谋身；尾生长于守信，不可以应变；王嘉长于遇明君，不可以事暗主；许子将长于明臧否，不可以养人物。"人的优点与缺点相对于角色而言，在用人方面，不能采用木桶原理，即用人的方式不能以其弱点作为判断标准，而需要以能否发挥其优点作为判断标准。那些与角色不相关的弱项并不重要，那些与角色不相关的强项也并不重要。

> 魏无知见陈平於汉王，汉王用之。绛、灌等谗平日："平盗
> 嫂受金。"汉王让魏无知。无知日："臣之所言者，能也；陛下所
> 闻者，行也。今有尾生、孝已之行，而无益于胜负之数，陛下假
> 用之乎？今楚汉相距，臣进奇谋之士，顾其计诚足以利国家耳。
> 盗嫂受金，又安足疑哉？"汉王曰："善。"
>
> ——赵蕤《长短经》

尺有所短，寸有所长。按照合适的眼光看，我们就能够比较容易找到合乎要求的项目经理，而按照"仁、智、信、勇、严"这种名将的选择标准看，我们就很难找到满意的人了。廉洁奉公和勤政爱民的官员应该是好官员，但《孙子兵法》中也指出了这些人员的致命弱点，即"将有五危：必死，可杀也；必生，可虏也；忿速，可侮也；廉洁，可辱也；爱民，可烦也"。反过来，即使是那些有很多毛病、被人所憎厌的人却也可能有很多价值。《六韬》中就认为即使"多言多语，恶口恶舌，终日言恶，寝卧不绝，为众所憎，为人所疾"的人也可以"此可使要遮闾巷察奸伺祸"，因此在用人时应该坚持"因能授职，各取所长，随时变化，以为纲纪"。

> 世有伯乐，然后有千里马。千里马常有，而伯乐不常有。故
> 虽有名马，祇辱于奴隶人之手，骈死于槽枥之间，不以千里称也。
> ——韩愈《马说》

> 天下不患无臣，患无君以使之；天下不患无才，患无人以
> 分之。
>
> ——管子《牧民篇》

凡品才有九：一曰德行，以立道本；二曰理才，以研事机；三曰政才，以经治体；四曰学才，以综典文；五曰武才，以御军旅；六曰农才，以教耕稼；七曰工才，以作器用；八曰商才，以兴国利；九曰辩才，以长讽议。

——傅玄《傅子》

本人能力卓越、领导班子也很卓越的一个例子是毛泽东、周恩来和朱德。毛泽东本人的军事指挥才华、政治谋略和战略眼光是大家有目共睹的。周恩来的敬业、精细、人格魅力和高超的政务能力，以及朱德在军队中的影响力和十大元帅各自擅长的军事、政工和后勤能力也是大家有目共睹的。即便如此，如果让毛泽东负责情报、周恩来负责军事战略、朱德负责外交，其结果也未可知。

项目经理本人能力卓越但班子很弱的典型例子是诸葛亮的团队。刘备在世时，与刘邦颇有相似之处，他也有一支领导班子，谋划和后勤上有诸葛亮，冲锋陷阵有刘关张，因而在三国中能够率先称帝。诸葛亮的才华堪称一绝，他本人也成了后世智慧的化身。但是，诸葛亮或许是因为自身能力太强的原因，在刘备死后自主主政期间，却没有一支值得称道的领导班子，蜀国在三国中率先灭亡除了"天下大势"以外，与"蜀中无大将"的局面不无关系。

诸葛亮智谋超群，也勤政敬业，但是知人善任方面却比不上刘备、孙权和曹操。反过来讲，正因为诸葛亮过于优秀，别人和他合作很难有成就感，他也很难信任别人。这样的队伍是很难同心协力的。毛泽东本人多次反对搞个人崇拜，在中共七届二中全会上提出了"不给党的领导祝寿；不用党的领导者的名字作地名、街名和企业名字"的规定，甚至在 1956 年 9 月召开的中国共产党第八次代表大会修订的党章中主动提出删去了"毛泽东思想"的说法，在 1960 年出版的《毛泽东选集》第四卷中收录了其 1949 年 3 月在中国共产党第七届中央委员会第二次全体会议上所做的总结中提出的《党委会的工作方法》以规范党委会的民主集中制，但仍然在客观上形成个人崇拜的状况，为中国人民带来巨大损失。由此可见，杰出人士担任领导人所潜藏的风险。

与凝聚力和职业道德相比，项目经理的管理能力和专业技能并不关键。当然，缺乏才能难以成事，但在用人方面，最适合的就是最好的，而这里的"最合适"是指工作任务、人的特点、管理方法和工具等的系统配合性。正如管仲所言："规矩者，方圆之正也；虽有巧目利手，不如拙规矩之正方圆也。故巧者能生规矩，不能废规矩而正方圆，虽圣人能生法，不能废法而治国。故虽有明智高行，倍法而治，是废规矩而正方圆也。"

要形成一支有战斗力的项目班子，有效的沟通机制是十分重要的。这种沟通机制既需要及时了解和沟通项目业主、项目所在企业及其他项目利益相关方对项目的价值需求，又需要在项目实施过程中在众多项目组成员之间在实现战术合作的过程中有效消除误解、及时传达任务和工作指令等信息。因为创新、知识领域不同和隶属关系各异以及权力和权威的有限性等原因，项目班子很难做到对项目经理指令的简单服从，在项目班子成员中建立能有效消除矛盾、集思广益这种既民主又集中高效的沟通机制是项目班子之所以存在的必备条件。

一、党委书记要善于当"班长"。书记和委员之间的关系是
少数服从多数。

二、要把问题摆到桌面上来。有了问题就开会，摆到桌面上来讨论，规定它几条，问题就解决了。

三、"互通情报"。党委各委员之间要把彼此知道的情况互相通知、互相交流。这对于取得共同的语言是很重要的。

四、不懂得和不了解的东西要问下级，不要轻易表示赞成或反对。先做学生，然后再做先生；先向下面干部请教，然后再下命令。各中央局、各前委处理问题的时候，除军事情况紧急和事情已经弄清楚之外，都应该这样办。

五、学会"弹钢琴"。党委要抓紧中心工作，又要围绕中心工作而同时开展其他方面的工作。凡是有问题的地方都要点一下，这个方法我们一定要学会。

六、要"抓紧"。就是说，党委对主要工作不但一定要"抓"，而且一定要"抓紧"。

七、胸中有"数"。这是说，对情况和问题一定要注意到它们的数量方面，要有基本的数量的分析。

八、"安民告示"。开会要事先通知，像出安民告示一样，让大家知道要讨论什么问题，解决什么问题，并且早作准备。如果没有准备，就不要急于开会。

九、"精兵简政"。讲话、演说、写文章和写决议案，都应当简明扼要。会议也不要开得太长。

十、注意团结那些和自己意见不同的同志一道工作。我们不仅要善于团结和自己意见相同的同志，而且要善于团结和自己意见不同的同志一道工作。

　　十一、力戒骄傲。这对领导者是一个原则问题，也是保持团结的一个重要条件。

　　　　　　　　——摘自毛泽东的《党委会工作方法》

　　项目班子并不是在项目启动之初成立后就一成不变的。随着项目生命周期的变化，项目需要解决的主要矛盾也会变化，项目管理的角色会随之而变，因此，项目班子的组成与管理机制也会相应调整。

　　人与人之间存在先天的不同，这些差异很难在后天弥补。素质靠选择、技能靠培训，在选人时，重点需要查看人的天资和基本素质，而具体的工作技能则可以通过培训在较短时间内掌握。企业的内训并非以提高人的素质为主要目的，而需要面向直接的任务目标，采用带着问题学、急用先学、学以致用、立竿见影的训练方式，对于工期限定明确、时效性强的项目而言更应如此。越是个人经验丰富的人，往往越难学习新东西，这种"能人"更需要加强团队训练，或者让他们能够更专注于他们擅长的事情。管子提倡的"使能不兼官"，说的就是这个道理。

第 6 章

项目资源整合中的和而不同

有之以为利，无之以为用。

——《道德经·第十一章》

　　资源是指我们能够利用的一切有形和无形的东西，而不仅局限于我们拥有的东西。在对项目资源的整合过程中，同样需要注意到资源背后都有项目利益相关方的身影。有效解决不同利益相关方之间的矛盾是有效整合资源的前提。这些矛盾包括专业技术人员与行政管理人员之间的阴阳对立统一关系、项目正式组织和非正式组织之间的阴阳对立统一关系、有形资产和无形资产之间的阴阳对立统一关系等。

项目行政人才和科技人才的匹配

在所有的项目资源中，以人才最为关键，也最为复杂。"以人为本""尊重人才""千军易得一将难求"是中国人挂在嘴边的热词，中餐馆里的大厨、企业中的老板、大学里的教授向来被认为是这些组织发展最重要的元素。一方面，正因为他们很重要，人们容易产生患得患失的心理，因为这些人才一旦背叛组织产生的后果将是严重的；另一方面，这些人才也常常认识到他们对组织的重要性，因而会抓住一切机会来提醒组织，以此来和组织谈条件。这两方面的原因都会导致表面上的尊重人才和背地里的提防人才之间的矛盾。

一个人是否是人才是相对于其能否解决某个人、某个组织的主要矛盾而言的，因此人才的判断标准因矛盾变化而变化，很多人不知道这一点，就会产生"怀才不遇"的局面。更有甚者，因不知矛盾已变化还自认为是人才而招致杀身之祸。

> 范蠡遂去，自齐遗大夫种书曰："飞鸟尽，良弓藏；狡兔死，走狗烹。越王为人长颈鸟喙，可与共患难，不可与共乐。子何不去？"种见书，称病不朝。人或谗种且作乱，越王乃赐种剑曰："子教寡人伐吴七术，寡人用其三而败吴，其四在子，子为我从先王试之。"种遂自杀。
>
> ——《史记·越王勾践世家》

如果说人才是项目生产力的话，那么使用人才的方式方法，特别是组

119

织机制就是生产关系。众所周知，生产力和生产关系是相互影响的，生产力和生产关系之间的矛盾解决过程推动了社会的发展。两者之间是一个螺旋式发展的过程，它们相互影响、相互促进，二者是对立统一的阴阳辩证关系。这种辩证关系在组织建设中的具体体现形式是"人治"和"法治"之间的辩证关系。

人治在中国传统管理体系中占有很大分量，即便是在当今时代，各类组织对人才特别是杰出或特殊人才的重视乃至依赖性依然是有增无减。两千多年前，管子就提出了以人为本的思想，指出："霸王之始也，以人为本。本理则国固，本乱则国危[①]。"《孙子兵法》也言："将能而君不御者胜[②]。"2010 年的全国人才工作会议上，时任中共中央总书记的胡锦涛提出了"人才资源是第一资源"的论点，更是明确了新时代人才对中国发展的重要地位。

人的行为受到两个方面的影响：一个是来自自身情况的影响，如身体状况、技能、生理需求等；另一个是来自其所处的组织环境或者说是社会环境的影响，如同事关系、考核方式、晋升渠道等。对于前者，我们需要在挑选人员时充分考虑，对于后者则需要变革公司的组织机制。

"因人设事"和"因事设人"是对立统一的，但是，这两句话里面的"事"和"人"的内涵并不一致，不能交错。"因人设事"里的"事"主要是指需要决策的事和创新的事，而其中的"人"则是指领军人物、决策者和领导者。这样的人和事在组织中是较少的，他们是项目生产力的代表。项目组织管理主要针对的是后一种"人"和"事"，即执行层面的"人"

---

① 见《管子·霸言》。
② 见《孙子兵法·谋攻篇》。

和"事",换句话说,在项目组织设计中,主要采取是"因事设人",即依靠项目生产关系来促进或代替项目的生产力。

"能者多劳"是中国的一句俗话,指能干的人(简称"能人")会因为各个地方都需要他(她),因此,反而会更累。能人,特别是拥有特殊技能而数量稀少的能人会被很多企业或项目当成宝贝,但是,也正因为如此,项目受制于能人的情况也时有发生。项目是有独特性的,因而存在很多不确定性,而能人因为稀缺会在多个项目中扮演重要角色,一旦某个项目因计划的变化而导致需要占用能人更长时间,其他依赖能人的项目就会受到不良影响;如果某项目临时使能人空闲,能人就会被其他项目抢走,当该项目需要能人时,能人往往回不来。此外,能人也常有些特别的弱项,这些弱项有可能会毁了一个团队。

在项目组织建设中采取"因事设人"思想的要害在于防止两个问题的发生:一是防止人为了显示自己的重要性而增加无谓的甚至有害的工作,"人多了并不一定能够更多地完成工作,反而经常会产生更多的工作"、表面上忙碌但实际上产出很少的"积极的怠工"、为个人和局部利益而争夺有限资源的"会哭的孩子有奶吃"等现象都存在于这些人性劣根性之中;二是防止因提高局部的效率而损害整体的效益。一个企业常常同时不止需要承担一个项目,但一个部门同时承担多个项目时,各部门会根据各自的局部目标而设定工作的优先次序,从而导致项目整体目标的拖延或低效。

不同类别的人生活在不同的职业习惯中,会用不同的逻辑看到事物。在与项目有关的人才中,有两类人才需要特别引起重视:一类是行政人才;另一类是科技人才。这两类人才对项目乃至对企业和地区的影响都至关重要,由于这两类人才各有特点,发挥他们价值的方式也大不相同:

行政人才习惯于行政体制，而科技人才则尊重真理。行政体制是按照权力大小（级别高低）来维护其基本秩序的，一个合格的行政人才要维护系统的秩序，为了这种秩序，他们往往需要牺牲局部的利益甚至局部的正义。他们不是单纯地以"对"或"错"来判断一个政策，而是以"是否有效"来作为判断的依据。他们生活在现实的世界中，不奢望完美，经常会在"应该不应该干""两害相权取其轻"中权衡，必要时会委曲求全、忍辱负重，而这种活法常会受到世人的质疑。对科技人才来说，打破现状、质疑权威才是他们的使命和价值。他们生活在理想的世界中，追求完美、风格清高，对事物的判断标准"对""错"分明。

> 吴起为魏将而攻中山，军人有病疽者，吴起跪而自吮其脓，伤者之母泣。人问曰："将军于若子如是，尚何为而泣？"对曰："吴起吮其父之创而父死，今是子又将死也，吾是以泣。"
>
> ——刘向《说苑·复恩》

> 下以直为美，上以媚为忠。直而无媚，上疑也；媚而无直，下弃也。上疑祸本，下弃毁誉，荣者皆有小人之谓，盖固本而舍末也。
>
> ——冯道《荣枯鉴》

一个企业若需要得到更好的发展，离不开与行政人才的交往。企业离实权行政人才太远，则会因行政人才对企业缺乏直接价值而使行政人才受到冷落，其后果便是企业难以优先获得政治利润；企业离实权行政人才太近，则容易官商不分，容易因行政人才的起起落落而受到牵连。如何处理好行政人才和商人之间的阴阳对立统一关系，可以采用中庸的办法：将官商之间的关系变成政企之间的关系，将官商之间不能公开的纽带变成政企之间的纽带，将阴谋变成阳谋。官商之间的关系是指行政人才和商人之间的私人关系，政商之间是政府职能与企业之间的公利关系。任何一届政府为了给人民谋福利一定需要发展经济、需要做事情，而发展经济和做事情则必然离不开企业，因此，政企之间存在天然的联系。大多数甚至绝大多数行政人才最看重的并不是从项目中捞些经济利益，但大多数甚至绝大多数行政人才之所以关注这个项目是希望从中得到一些政绩。行政人才也是普通人，即使他们较一般群众觉悟更高，他们也有私心，其中最常见的是希望通过项目的成功来体现自己的作为。所以，要获得政治利润，企业需要着眼于解决政府职能和政绩面临的主要矛盾，而政府为了使这个公利矛盾得到解决需要给予企业利润，否则就会为今后留下一个坏样本。这个矛盾是侧重于公利的，这个公利矛盾解决了，行政人才能有政绩，他们个人最为追求在政治上发展的私利问题也随之解决。这是一种阳谋，是政企双赢和官商双赢的策略。

与行政人才追求仕途进步不同，科技人才更看重的是声誉，追求一种无冕之王的既自由又能产生实际影响的权威地位。中国的科技人才骨子里也有一种"名士"情节，他们追求一种汉代桓宽在《盐铁论·褒贤》中所言的成就："万乘之主，莫不屈体卑辞，重币请交，此所谓天下名士也。"然而，由于中国人千百年来受到儒家文化的影响，"万般皆下品，惟有读书高""学而优则仕"这些观点对科技人才的影响也是很深刻的。因此，很多科技人员尽管不愿意受到行政体制的约束，也不愿意花大量的时间去处理琐碎的行政事务，但是，他们依然希望有个很好的专业头衔，甚至很希望有个行政职务。正如林语堂在《老子的智慧》中对中国人的做事风格做出的分析："官吏尊孔，作家诗人则崇老庄；然而，一旦作家、诗人戴上了官帽，却又走向公开激赏孔子，暗地研究老庄的途径①。"

由于行政人才和科技人才的特点不同，普通人很难同时具备两者的优点。特别是在研发类项目中，我们既要避免行政人才瞎指挥，又要避免技术领军人物的偏执个性；既要尊重行政人才的务实耐烦的工作作风，又要发挥技术领军人员的理想主义精神；既要容忍行政人才的繁文缛节，又要容忍技术领军人员的锱铢必较……管理的对象假设是人尽管存在智商、情商、技能、体力等多方面的差异，但大家都是普通人而不是理想化的圣人。既然不能奢望一个普通人身兼两者的优点，有效的方式就是把这两类人才组织在一起。

> 整合行政人才和科技人才最典型的案例是"两弹一星"项目②。该项目创造了技术与行政"两条指挥线"的管理体系③。"两条指挥线"最早是由国防部第五研究院（以下简称"五院"）提出的。1962 年 3 月 21 日，中国第一枚自行设计研制的东风 2 号导弹在第一次飞行试验中失利。经过认真总结经验教训，五院认为这与全院的组织管理体制及总设计方案有关，于是提出了一系列改进措施，包括"健全总设计师系统，建立技术责任制"和"加强计划调度系统，严格按计划办事"等，并在随后制定的《国防

---

① 西安：陕西师范大学出版社，2006 年出版，第 8 页。

② "两弹一星"最初指原子弹、氢弹、人造卫星。"两弹"中的原子弹和氢弹后来合称核弹，另"一弹"指早期研发的导弹。后来"两弹一星"指导弹、核弹、人造卫星。1960 年 11 月 5 日，中国仿制的第一枚导弹发射成功，1964 年 10 月 16 日 15 时中国第一颗原子弹爆炸成功，使中国成为第五个有原子弹的国家；1967 年 6 月 17 日上午 8 时中国第一颗氢弹空爆试验成功；1970 年 4 月 24 日 21 时中国第一颗人造卫星发射成功，使中国成为第五个成功发射人造卫星的国家。

③ 参见李其道的博客 http://blog.sina.com.cn/s/blog_5d55fe3e0102eyer.html：《"两弹一星"工程的成功经验与启示》。

部第五研究院暂行条例》中对这些方面做出了明确规定，这标志着技术与行政"两条指挥线"的体制基本形成。技术指挥系统负责技术协调，行政指挥系统负责计划协调，这两种协调相互交叉又相互渗透。计划协调以技术协调为基础，而技术协调又通过计划协调来实现，行政指挥系统要采取各项强有力的措施，保证技术指挥系统实现技术决策；技术指挥系统要把技术决策建立在现实的基础上，以避免给行政指挥系统造成不必要的困难。

与此相关的还有一种"三结合"办法。1962 年 12 月 26 日，聂荣臻在国防工业系统三级干部会议上就军工生产问题发表讲话。聂荣臻说，在工厂内部要实行领导干部、工人、技术人员"三结合"的办法。"我们的尖端技术，只能是依靠我国自己的工人和专家。领导干部要善于使用他们，从政治上和技术上培养他们，提高他们，发挥他们的积极性和创造性。就整个国防装备来说，还有一个使用、研究、生产的三结合。①"领导干部、工人、科技人员的"三结合"让处于不同层次、了解不同信息、关注不同问题的科技人员、工人和领导干部，经常沟通，促进了解、理解彼此意图，从而为实现最终目标通力合作。在"两弹一星"的研制过程中，科研单位、生产单位、使用单位经常相互沟通，使各种相关活动并行进行，避免走弯路、走错路。这种"三结合"的组织机制和工作方法，具有中国特色的技术民主特点。

管子曾说"治国有三本"，即"一曰德不当其位；二曰功不当其禄；三曰能不当其官。此三本者，治乱之原也。故国有德义未明于朝者，则不可加以尊位；功力未见于国者，则不可授与重禄；临事不信于民者，则不

---

① 《聂荣臻年谱》下卷，人民出版社 1999 年版，第 655 页。

可使任大官"①。他进一步提出:"明主之择贤人也,言勇者试之以军,言智者试之以官。试于军而有功者则举之,试于官而事治者则用之②。"在人员任命和激励方面,我们不能求全责备,但是,针对不同人的特点将其放在合适的位置上是基本原则。

在中国,无论是地方政府、军队、高校、电影制作还是重大科研项目,都采用双主官制,在政府有党委书记和市长,在军队有司令员和政治委员,在高校有党委书记和校长,在电影制作中有制片人和导演,在重大科研项目中有总指挥和总工程师等。这种双主官制是中国管理的特色,似乎并不符合亨利法·约尔提出的"统一指挥原则"。但是,这种方式有"统一指挥原则"不具备的优点。例如,重大科研项目绝非只靠专业技术能力就能完成,它需要整合各类专业人员,需要协调资金和设施设备资源,需要遵守必要的法律和财务规范,但是顶尖科学家常常不习惯于处理琐碎的人事关系,不善于与行政部门进行沟通,不了解财务规定,不清楚市场的需要,这时候就需要行政主管(总指挥)去安排。当资源与技术方案等出现冲突时,就是要采取民主集中制的方式,通过会议的方式进行解决。

正式组织和非正式组织的整合

在中国的组织机制中,正式组织和非正式组织的并存是普遍而且重要的,显规则和潜规则两者也是缺一不可,同样,"法治"和"人治"的并存也是保障项目组织有效运行的基础。在中国传统的治国智慧中,有很多

---

① 见《管子·立政》。
② 见《管子·明法解》。

经典的言语强调了两者的重要性。例如，孔子认为"为政在人""其人存，则其政举，其人亡，则其政息""其身正，不令则行，其身不正，虽令不从"。[1]强调"人治"的观点，大多基于孟子"人之初，性本善"的假说，"人治"在某种程度上也是"仁治"和"德治"。在中国的历史上，"人治"既造成了周朝的成功，也造成了周朝的衰落。另一方面，管子认为"法者，天下之仪也。所以决疑而明是非也，百姓之所悬命也[2]"。强调"法治"的观点，大多基于荀子提出的"人性恶"的假设，"法治"在某种程度上就是商鞅[3]所说的"大仁不仁"，在中国的历史上既有著名的商鞅变法强秦以致最终秦始皇统一战国的成功，也有因过于严刑峻法产生的"暴政"而使秦朝二世而终的短命结局。

"一阴一阳之谓道。""人治"和"法治"在中国历史上大多数时期并不是对立的，它们并行不悖，相互补充。无论是早期的管子，还是近代的曾国藩，这些治国名人均采取了人治法治兼顾的策略。如果说"法治"是组织管理刚性的一面的话，"人治"就是组织管理柔性的一面。特别对项目这种因具独特性而带有不确定性的工作来说，刚柔相济是项目管理人员必须掌握的基本原则。

项目因其具有独特性的特点，因而具有较强的不确定性，完成项目包含哪些工作，这些工作的具体内容和它们之间的责任边界常常难以预先准确设定。这个特征决定了完全靠商务合同和纸上承诺难以产生有效的结果，在项目开展过程中需要依靠人情来产生一定的妥协和奉献，没有"人治"肯定不行。

---

① 见《论语》。

② 见《管子·禁藏》。

③ 商鞅（约公元前 395—公元前 338 年），战国时期政治家、思想家，先秦法家代表人物。

中国人也讲法治，但是，又有"法无外乎人情"之说。在日常工作中，"情""理""法"三者之间存在潜在的优先关系，"法不责众"给"人治"打赢"法治"提供了潜在的条件，"因人设事"和"因事设人"之间常常采取"具体问题具体分析"的做法来维持平衡。"打太极"和"和稀泥"是常见的管理手段。

项目组织建立过程中的主要矛盾在于"人治"和"法治"之间。一般说来，当项目的任务比较明确，任务与任务之间的边界比较清晰，任务成果的质量标准比较容易数据化时，采取"法治"为主的方式更有效；当项目的任务比较模糊，任务与任务之间交错性强，任务成果的质量标准难以量化时，采取"人治"为主的方式更有效。但无论什么样的组织机制，都不能绝对采用"法治"或"人治"。

《论语》中说："名不正则言不顺，言不顺则事不成。"儒家文化之所以长期以来受到人们（特别是统治者）的推崇，与其观点的堂而皇之密不可分。晚清名臣曾国藩一生的思想经历了一个"由程朱到申韩到黄老"的转进，即从词赋之学变为程朱之学，再从程朱之学变为申韩之学即法家，后从申韩之学变为黄老之学即道家。曾国藩的经历告诉人们：要想做成事情，首先需要树立一个足以让利益相关方都接受、认可甚至是激动的理由，这就是"道"。但是，仅靠"道"是不够的，还需要建立得以严格遵守的游戏规则。由于事物的变化，规则不能过于僵化，也不可能很完备，特别对项目来说，其中存在的不确定性更多，因而，采取"严格原则内的有限自由度"是恰当的处置方式。即使有了原则，在碰到特殊情况时，也需要进行变通，需要采取道家提倡的灵活和

阴柔的手段。石涛①在其《画语录》中所说的"凡事有经必有权，
有法必有化"，讲的也是这个辩证逻辑。

"发动群众"和"建立统一战线"是中国人特别是中国共产党擅长的
两种整合资源的方式，也是融合了正式组织和非正式组织、人治和法治的
中庸式方法。"发动群众"是指整合社会的各种资源，尽管这些资源是非
专业性的，但是，由于其数量庞大和成本低廉，再加上介于正式和非正式
组织之间的协调与联络、物质激励和感情影响等方式，往往能够起到正式
组织和专业资源所不能起到的作用。"建立统一战线"②特别适用于跨文化
和涉及利益相关方种类较多的项目，也适合于政企之间、营利机构与非营
利机构之间、不同党派之间隐含着目的、价值观等冲突的项目。

"发动群众"无论是在中国历史上还是在当今社会都能够有
效解决资源不够的问题，起到了正式组织起不到的作用。在若干
中国古籍中均有"以天下之目视，则无不见也；以天下之耳听，
则无不闻也；以天下之心虑，则无不知也"③这样的话，其实质
就是做领导的需要依靠群众，需要群策群力。淮海战役④中出动
民工 543 万人，其中随军常备民工 22 万人，二线民工 130 万人，

---

① 石涛（1642—1708 年），清初画家。
② 统一战线就广义而言，是指不同的社会政治力量（包括阶级、阶层、政党、集团乃至民族、国家等）在一定的历史条件下，为了实现一定的共同目标，在某些共同利益的基础上组成的政治联盟。简要地说，统一战线就是一定社会政治力量的联合。
③ 可见于《管子》《鬼谷子》《六韬》《太平御览》《淮南子》等。
④ 淮海战役，国民党称"徐蚌会战"，是解放战争时期中国人民解放军华东野战军、中原野战军在以徐州为中心对国民党军进行的战略性进攻战役。战役于 1948 年 11 月 6 日开始，1949 年 1 月 10 日结束，徐州剿匪总司令部刘峙指挥中华民国国军 5 个兵团部、22 个军部、56 个师及一个绥靖区共 55.5 万人被消灭及改编，解放军总共伤亡 13.4 万人。

后方临时民工 391 万人；担架 20.6 万副，大小车辆 88 万辆，挑子 30.5 万副，牲畜 76.7 万头，船只 8539 艘；筹集粮食 9.6 亿斤，运送到前线的粮食 4.34 亿斤。参战兵力与支前民工的比例高达 1∶9，强大的后勤补给，是胜利的保证。兵马未动，粮草先行，有大量的人民群众推着小车为部队运送补给作为后勤，保证了战争的胜利，所以陈毅元帅形象地称："淮海战役的胜利，是人民群众用小车推出来的"。

2015 年 8 月 20 日，北京警方通过官方微博"平安北京"和"北京反恐"微信公众账号，联合开展以反恐防恐知识问答为主要内容的专题网络宣传活动，并推出了涉恐线索举报模板。此外，"平安北京"还推出了由局内民警原创设计的"朝阳群众"和"西城大妈"卡通形象。2014 年以来，"朝阳群众"因举报多名明星艺人嫖娼、吸毒而"闻名"。除了"朝阳群众"，在本市各个区县都活跃着志愿者队伍。据了解，西城区志愿者力量七成以上是"大妈"，仅 2015 年，北京"西城大妈"就发现 72 条涉恐信息。一时间，"朝阳群众"和"西城大妈"成了网友热议的焦点。为鼓励广大市民争做"朝阳群众""西城大妈"，为"平安北京"建设贡献力量，"平安北京"专门组织市公安局有绘画特长的民警，将"朝阳群众"和"西城大妈"设计成了卡通形象，并在网络上进行推广。警方称，在打击违法犯罪面前，人人都可以是"朝阳群众""西城大妈"，希望市民和网友关注"平安北京"网络公共关系平台和"北京反恐"微信公众账号上的反恐防恐防范知识，将看到、听到的可疑情况及时向警方反映和举报。朝阳群众获称

"第五大王牌情报组织"。①

在中国传统习惯中，工作与家庭的关系并不是截然分开的，在长久的历史中，家庭状况以及一个人是否孝顺是判断其能否出任官员的重要评价标准。《礼记》②规定父母去世，儿子要放下一切重要的不重要的工作为父母守孝三年，称为"丁忧"，各朝代参照这个蓝本制定了具体的实施方案和细则。方案和细则具有法律效力和道德约束，后者更具效力。目前，每年很多企业的工会都会评选优秀家庭，因为家庭的和谐与否会与员工的工作状态好坏密切相关。对于项目，特别是那些远离员工家乡的项目来说，密切的项目成员与家庭成员关系是十分重要的。

2003 年年底，中铁七局由原郑州、武汉、洛阳、安康、襄樊 5 家铁路工程公司及原中铁一局三公司共计 6 家单位重组成立。组建之初，企业合同额不足 20 亿元，参与施工的国家重点工程寥寥无几，下辖的 10 个子公司、11 000 余名职工分布在河南、陕西、湖北三省，三大地域干部职工生活习惯不同、文化积淀各异。2012 年，为打破狭隘的地域性观念，避免发生小团体"文化壁垒"现象，中铁七局在基层单位子文化系统建设取得经验和成效的基础上，对全局企业文化进行了充分的调研、总结、提炼和整合，形成了有群众基础、有生命力的"家文化"体系，并于 2013

---

① http://news.ifeng.com/a/20150821/44481428_0.shtml。朝阳区是北京面积最大的区，也是首都新城区，有全国闻名的 CBD，聚集着绝大多数的外国驻华大使馆，还有 1990 年亚运会和 2008 年奥运会的主会场，以及北京的夜色中心三里屯。这里有高档的住宅区、高尔夫球场、社区配套设施一应俱全。朝阳区商业发达，一直是明星大腕在北京的热门聚居地。

② 《礼记》是中国古代一部重要的典章制度书籍，儒家经典著作之一。该书编是由西汉戴圣对秦汉以前各种礼仪著作加以辑录，并编纂而成，共 49 篇。

年9月正式发布启动。

"家文化"是该公司在不断发展壮大的过程中，经过沉淀、总结、提炼，升华出的一种管理思想。家文化的实质是"团结千钧力、家和万事兴"，宗旨是"关爱小家、共建大家、报效国家"。公司员工无论家中大事小情，领导都是亲力亲为，员工在海外项目上，家中亲人去世回不来，公司领导亲自到家安排操持办理后事；高考期间，公司租用车辆把参加高考的员工孩子送到考场；这些都使员工暖心安心，能把公司当成家，家文化已经成为推动企业健康发展的精神动力，成为展示企业形象、扩大知名度的一张名片。经过十多年的发展，中铁七局年均营业额、新签合同额由最初的不足20亿元、25亿元，到2015年提升为330亿元、358亿元，工程合同履约率100%，工程质量合格率100%，步入了高效发展的快车道。

在中国的传统习惯中，"单位"这个词内涵丰富，它可以是营利或非营利的各类组织，尤其以正式组织为主。单位负责人不仅对其员工有工作上的指导、指挥权力和责任，对员工的家庭和个人生活也有着相当大的权力和责任，因此，正式组织中也隐含着非正式组织的成分，这个边界并不清晰。

近年来，随着互联网技术的发展和社会保障体系的逐渐完备，远程、跨组织之间的合作越来越便利，人们对单位的归属感和忠诚度有减弱的趋势，正在出现越来越多的自由职业者、特立独行者和宅男宅女。随着人们受教育程度和个性意识的增加，"知识工作者"越来越普及。特别是对项目这种具有临时性特点的工作而言，期待需要长期慢慢积累的团队文化、忠诚度、默契等越来越困难，人们离开一个单位的成本大幅度降低，柔性的、合则聚不合则散、边界模糊的超平社区似乎正在代替依靠刚性的权利和义务来运转的组织。

在这种社区中，平等的协作关系将代替等级森严的上下级关系，大家依靠彼此的认可价值交换进行合作。用在项目资源的整合过程中则是不要太拘泥于正式组织和非正式组织，而要采用介于两者之间的"社区"方式代替传统"组织"的概念（见图 6-1），对社区来说，有严格的原则框架，但对社区成员来说，有足够的平等和自由度，这是一种中庸的方案。社区成员根据自己的需求选择加入的社区，而各个社区也提供不同的价值和规则以吸引入驻者。

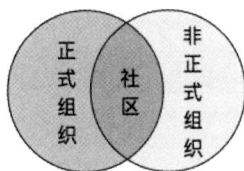

图 6-1　介于正式组织和非正式组织之间的"社区"

因为不同人的立场不同，我们不能奢望所有项目利益相关方都能够围绕着一个目标去奉献，项目是一个满足利益相关方各自需求的平台，项目利益相关方的需求之间会存在冲突，这并不妨碍大家的协作，正如孔子所言的"君子和而不同[①]"。解决这些冲突需要兼顾"情""理""法"，需要依靠对人性的理解、依靠道德和文化等软约束去弥补刚性法律之间的缝隙，正如孔子说："道不远人，人之为道而远人，不可以为道[②]。"俗语中也说："法不外乎人情。"这些都是中庸之道的体现。

---

① 见《论语·子路》。
② 见《中庸·第十三章》。

无形资源不弱于有形资源

完成项目需要资源，但是，这些资源并不局限于项目管理人员所拥有的资源，更不局限于诸如人、设施设备和资金这些具体化的有形资源。凡是我们所能够利用的、对项目成功有利的一切有形和无形的东西都是我们的资源。

有形资源的重要性容易理解，但是，正如《太极拳论》所言的"阴阳相济，方为懂劲"，管理者要善于利用有形资源和无形资源，做好这两者的结合互动，才能既解决有形资源不足的问题，又发挥有形资源的最大效益。老子的《道德经》也明确阐述了这两者之间的关系："有之以为利，无之以为用①。"

语言文字的运用能力对管理人员来说是非常重要的资产，语言文字运用得好可抵雄兵百万，运用得不好，也能够丧邦亡国。用语言和道理打动人心是重要的激励手段，其作用往往胜过金钱，所谓的"传檄而定"讲的就是这个道理。按照阴阳对立统一关系，在组织中一个人如果没有部下，肯定会有上司。用语言来说服上司、获得上司的支持会比自己拥有部下更有效。

"阎王好见，小鬼难缠"是很多人碰到的情况。很多人为此感到委屈，总以为自己为企业的公心得不到人们的理解和支持。其原因在于我们将该对"阎王"说的话对"小鬼"说了。与上司可以谈理想，与下属则需要谈利益，这是一种对立统一关系。我

---

① 见《道德经·第十一章》。

们很多人希望下属都拥有远大理想、希望他们为企业做出奉献，
这种做法常常是缘木求鱼。

在中国历史上，谋士是一类很特别又很重要的人，这种人远在春秋战国时期就被称为"策士"，对中国的政治、经济、军事的重大决策和社会发展起到了相当重要的作用。"策士"的作用就是通过影响决策者来改变世界，《鬼谷子》中谈到了很多策士游说的原理和策略，而《战国策》则集中展示的是运用这些原理和策略的运用案例。苏秦、张仪、张良、陈平等人自己并未曾拥有军队，但是，他们通过影响各自的国君可以调用千军万马来建功立业。

> 夫仁人轻货，不可诱以利，可使出费；勇士轻难，不可惧以患，可使据危；智者达于数，明于理，不可欺以诚，可示以道理，可使立功；是三才也。故愚者易蔽也，不肖者易惧也，贪者易诱也，是因事而裁之。故为强者积于弱也；为直者积于曲；有余者积于不足也；此其道术行也。

> 故外亲而内疏者说内，内亲而外疏者说外。故因其疑以变之，因其见以然之，因其说以要之，因其势以成之，因其恶以权之，因其患以斥之。摩而恐之，高而动之，微而证之，符而应之，拥而塞之，乱而惑之，是谓计谋。计谋之用，公不如私，私不如结，结而无隙者也。正不如奇，奇流而不止者也。故说人主者，必与之言奇；说人臣者，必与之言私。

> ——《鬼谷子·谋篇》

信用是另一种非常有用的无形资产。"诚信"是中国传统文化中对人的道德基本要求，然而，正如中国人习惯于运用辩证思维一样，在生活中

我们常听到两种对待诚信的说法：一种是"人无信不立""君子一言驷马难追""童叟无欺"这样强调诚信的说法；另一种是"无商不奸""愚人难教，欺而有功①"等与重诚信相反的俗语。这种矛盾可以采用中庸策略来解释，即"诚"是对我们自身的本心，即"不忘初心"，"信"则是对他人所做承诺的信守。借助信用可以在一段时间内无中生有，可以以这种无形资产换取有形资源。但是，这种无形资产需要在限定的时间段内进行兑换，即向对方提供守信的证据。信用是有有效期限的，在一定期限内，信用只能用一次，信用一旦丧失，就很难再产生效果。

> 桓公问管子曰："轻重准施之矣，策尽于此乎？"管子曰："未也，将御神用宝。"桓公曰："何谓御神用宝？"管子对曰："北郭有掘阙而得龟者，此检数百里之地也。"桓公曰："何谓得龟百里之地？"管子对曰："北郭之得龟者，令过之平盘之中。君请起十乘之使，百金之提，命北郭得龟之家曰：'赐若服中大夫。'曰：'东海之子类于龟，托舍于若。赐若大夫之服以终而身，劳若以百金。'之龟为无赀，而藏诸泰台，一日而衅之以四牛，立宝曰无赀。还四年，伐孤竹。丁氏之家粟可食三军之师行五月，召丁氏而命之曰：'吾有无赀之宝于此。吾今将有大事，请以宝为质于子，以假子之邑粟。'丁氏北乡再拜，入粟，不敢受宝质。桓公命丁氏曰：'寡人老矣，为子者不知此数。终受吾质！'丁氏归，革筑室，赋籍藏龟。还四年，伐孤竹，谓丁氏之粟中食三军五月之食。"
>
> ——《管子·山权数》

---

① 见［唐］李义府著的《度心术·欺心第四》。

系统设计可以起到从结构上节省资源的作用。这种整体优化方式的价值是容易理解的，它遇到的挑战是整体的最优常常会以牺牲局部的利益为代价，如何使人们愿意为整体的效益调整自己的行为不能仅靠觉悟和奉献，而需要采用中庸的策略，以置换的方式来换取他们暂时的让步。

> 祥符中，禁火。时丁晋公主营復宫室，患取土远，公乃令凿通衢取土，不日皆成巨堑。乃决汴水入堑中，引诸道竹木排筏及船运杂材，尽自堑中入至宫门。事毕，却以斥弃瓦砾灰壤实于堑中，復为街衢。一举而三役济，计省费以亿万计。
>
> ——沈括《梦溪笔谈·补笔谈卷二·官政》

> 我们决不让雷锋们、焦裕禄们吃亏，奉献者定当得到合理的回报。
>
> ——《华为基本法》

在采用中庸思想的置换方式中，时间和安全感是两项特别的无形资源。时间对每个人来说都一样，无论我们对时间用与不用、用的效率如何，每个人每天拥有的时间都是一样的，今天的时间不能被攒起来用于明天，明天的时间也不能被预支到今天。但是，时间的压力或松弛性会影响人们的工作效率，会激发人们的潜能或使人产生懈怠，换句话说，对时间节奏的把握能够使人们拥有的资源产生放大或缩小作用。与此类似，人们会因为对安全感的需要程度调整彼此之间的协作程度，也会因为长久的安全感降低对短期利益的诉求，这样不仅能降低成本，也能促使人们愿意牺牲局部的小利益以换取整体的大利益。

在网络时代，人人都掌握着麦克风，舆情是项目必须重视并合理使用的资源。特别是对九零后的新生代来说，网络是其获取和交流信息的主要平台，这也催生了"情绪资产"并形成了"粉丝经济"效应。舆情 "情绪资产"的重要来源，不仅能够影响项目决策，也为项目资源的获取或丧失提供了催化剂。

政策也是中国人善用的一种资源。对于发展中国家来说，由于资源的短缺，需要靠政策来引导资源的集聚，从而达到"集中力量办大事"的效果。谁能够及早掌握政策的信息、谁能够充分发挥政策的效能，谁就能够取得竞争优势。对中国人来说，最大的资源掌握在政府手中，政策是政府使用资源的信号。所谓的"政策红利"实质上就是资源的供给量和供给价格给企业或项目带来的边际效益。PPP项目就是政府将其占有的一些垄断性资源与企业分享的一个例子。

完成项目需要资源，储备资源唯一确定的就是要支出成本。由于项目是临时性的，在 VUCA 时代，很多项目又产生于不确定性的环境中，我们难以准确预料何时会出现项目机会，因而也就难以提前储备项目资源。项目的独特性和一次性的特点也使企业难以承受长期拥有某些资源带来的成本。对资源信息的捕捉和对资源的整合是项目治理的一大挑战。

第 7 章
赋能与奖罚的兼顾

且怀且威，则君道备矣。莫乐之，则莫哀之。莫生之，则莫死之。

——《管子·形势》

　　管理需要走在问题的前面。对项目的管控是项目治理的重要内容，没有对项目的管控，仅期待结果的惊喜是不可靠的。管控不是一次性活动，它贯串于项目生命周期的全过程。管理者的字典中应该尽量摒弃"惊喜"二字而以"可控"来取代它，追求"惊喜"的后果常常是"惊讶"或"惊愕"。

　　没有人愿意被管理，也没有人愿意被改变。在项目治理的管控过程中，需要处理好事前预防与事后奖惩、采集数据与分析信息、坚持原则与灵活机变等阴阳对立统一关系。

变项目绩效考核为项目绩效管理

孔子有句名言"人无远虑，必有近忧[①]"，说的就是如果我们没有长远的计划，那么将来必然会出现猝不及防的问题。项目因其成果的独特性和资源的动态性等特点，必然会伴随很多风险，在某种程度上，项目管理就是风险管理，项目治理也是风险治理。

在中国悠久的历史中，系统意识及系统之间的非线性关联关系历来受到人们的重视。中医的思想就是将人体看成一个系统，该系统又处在更大的社会系统乃至自然系统中，因此中医讲究"天人合一"，讲究按季节不同而采取不同的养生方式。与此同时，人体这个系统又可以分为很多子系统，对每一个子系统的调节都能够影响整个人体系统，中医的按摩、针灸方法都是基于这种理解。在中医的世界中，"头痛医头、脚疼医脚"的做法是会被人嘲讽的。

将这种基于系统思考、在系统中找出主要矛盾和矛盾的主要方面的做法运用到项目治理中来就是要将事后的绩效考核转变为全过程的以预防为主的绩效管理。

> 扁鹊见蔡桓公，立有间，扁鹊曰："君有疾在腠理，不治将恐深。"桓侯曰："寡人无疾。"扁鹊出，桓侯曰："医之好治不病以为功！"

---

① 见《论语·卫灵公》。

居十日，扁鹊复见，曰："君之病在肌肤，不治将益深。"桓侯不应。扁鹊出，桓侯又不悦。

居十日，扁鹊复见，曰："君之病在肠胃，不治将益深。"桓侯又不应。扁鹊出，桓侯又不悦。

居十日，扁鹊望桓侯而还走。桓侯故使人问之，扁鹊曰："疾在腠理，汤熨之所及也；在肌肤，针石之所及也；在肠胃，火齐之所及也；在骨髓，司命之所属，无奈何也。今在骨髓，臣是以无请也。"

居五日，桓侯体痛，使人索扁鹊，已逃秦矣。桓侯遂死。

——《韩非子①·喻老》

在项目监管过程中存在一个需要解决的悖论：如果过程控制得好，则风险就不会实际产生，而风险没有实际产生又怎么能够证明监管的价值？正如扁鹊的长兄面临的问题一样，如何才能证明其医术最为高明呢？在《道德经》中所言的"太上，不知有之。功成事遂，百姓皆谓：'我自然'"②这种情况下，如何衡量监管者的价值呢？要解决这些矛盾，需要明晰项目监管的价值，在此基础上对监管者的价值进行衡量。

魏文王问扁鹊曰："子昆弟三人其孰最善为医？"扁鹊曰："长兄最善，中兄次之，扁鹊最为下。"魏文侯曰："可得闻邪？"扁鹊曰："长兄于病视神，未有形而除之，故名不出于家。中兄治病，其在毫毛，故名不出于闾。若扁鹊者，镵血脉，投毒药，副肌肤，闲而名出闻于诸侯。"魏文侯曰："善。使管子行医术以扁

---

① 韩非：战国末期韩国（今河南省新郑）人，约生于公元前281年，卒于公元前233年。韩非是中国古代著名的哲学家、思想家、政论家和散文家，法家思想的集大成者，后世称"韩子"或"韩非子"。

② 见《道德经·第十七章》。

鹊之道，曰桓公几能成其霸乎！"

———《鹖冠子·卷下·世贤第十六》

项目绩效管理的基本价值有三个，一是通过对项目工作方式的评价以改进项目生产关系；二是通过对项目利益相关方能力的评价以提升项目生产力；三是对项目产出物进行评价并给予利益相关方相应的奖罚以弥补前两个价值中存在的缺失（见图 7-1）。前两者为阳面，其本质是赋能，即帮助利益相关方提高其达成目的的能力；后者是阴面，其本质是通过奖罚手段以弥补前两者的不足。对于项目监管者来说，其价值主要体现在前两者上。

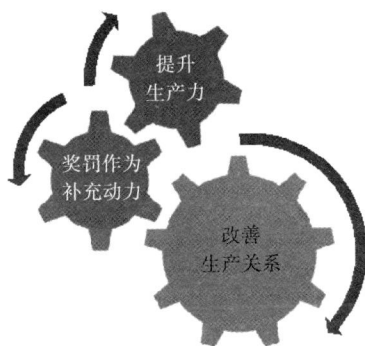

图 7-1　绩效管理的基本价值

在很多企业中，管理制度名目繁多，甚至有专门的部门以制定制度为主要工作。这种"为制度而制度"的方式不仅容易形成因制度繁多、无人能记住且制度彼此间存在矛盾的现象，也容易形成一种"积极怠工"的恶劣文化，人们会装出忙碌的样子，但实际上产出很低下。衡量一项管理制度是否有必要可以从两个准则来判断：是否有了该制度能够提高效率；是否有了该制度能够降低风险。那些既不能提高效率又不能降低风险的制度应该及时剔除出去。相应地，如果监管者能够证明其采用的管理制度具备这两个准则，那么，他们的工作就是有价值的，反之就是没有价值的。

　　一种常见的考核方式是综合评分法，即设定若干指标，每个指标根据其重要性赋以不同的权重，最后的绩效得分为各项指标得分乘以各自的权重而得到的总和（见表7-1）。综合评分法的一个前提假设是各项评价指标是可以按照不同的权重相互代替的，而这种假设并不一定正确。某空调公司的采供部门既需要为生产部门采购原材料和零部件，又需要为研发部门采购元器件。由于生产部门采购量巨大，每年采购额达到几十个亿，而研发部门的采购量小，每年是上千万，因而其绩效指标中对生产部门的采购指标占80%，对研发部分的采购指标占10%。有一年夏天，天气特别热，空调市场火爆，压缩机脱销。采购部门为了获得更高的绩效分数，将全体人员都派出去采购压缩机，以至于没有人专门跟进研发采购。就是这种绩效评价方法，造成该公司研发项目的按时完成率仅为 30%，而考核不当则占到项目延期原因中的40%。

表7-1　综合绩效评价法示意表

绩效指标内容	绩效指标得分	权　　重	绩效分数
甲	A	$a\%$	
乙	B	$b\%$	
丙	C	$c\%$	
丁	D	$d\%$	
绩效分数=A×$a\%$+B×$b\%$+C×$c\%$+D×$d\%$			

《扁鹊见蔡桓公》的故事说明了过程监管的重要性。扁鹊多次对蔡桓公说其有病，"不治将恐深"和"不治将益深"，但蔡桓公没有意识到扁鹊之言的重要性，反而认为"医之好治不病以为功"并"不悦"，致使其最后病入膏肓而死。绩效管理的重点在于对项目风险的预防，那些只会说"办法你去想，我要的是结果"的管理人员是要不得的，因为项目的最高目的是满足利益相关方需求，如果因为某个利益相关方的问题而造成了整个项目的失败，即使给他以严厉的处罚也不能弥补项目失败造成的损失。找了一个对项目负责的人，然后将项目责任完全压给他的做法本身就是对项目的不负责任。

项目绩效管理中的一个重要内容是风险管理。风险不单指某件事情的发生具有不确定性。具有不确定性的事情很多，只有我们需要对其进行管理，并通过我们的管理能够对其进行改变的事情才是风险，否则这些有不确定性的事情就只是我们面临的外部环境，我们对其变化没有责任也难以承担这些责任。从这个理解上看，任何项目风险最后都可以归结到某些人身上，或者说归结到某些人的行为上。

造成项目利益相关方不确定行为发生的因素可以分为两类：一类是只与某利益相关方个体有关的因素，这种因素因人而异，可以称为属性风险；另一类是与其社会属性有关的因素，这种因素受限于由利益相关方治理角色构成的社会网络，可以称为结构风险。结构风险具体是指治理角色责任的兑现受到不确定外部影响的可能性、影响程度和可管理程度的大小的影响而导致的风险。结构风险是对属性风险的补充，其实质是影响网络关系稳定性的各种不确定性。结构风险又可以分为两种：一种是从某利益相关方立场出发的对其承担角色可靠性和有效性的判别，可以称为关系风险；另一类是对利益相关方治理角色构成的整体社会网络的可靠性和有效性的判别，可以称为网络风险①。

降低属性风险的方式是选择合适的人，而降低结构风险的方式是建立有效的利益相关方治理机制。属性风险是内因、是根本，结构风险是外因、是条件，外因通过内因起作用。项目治理风险主要指"项目利益相关方不确定行为产生的可能性、影响程度及可管理程度"（见图 7-2）。项目利益相关方行为及其相互关系对项目带来的不确定性影响是项目治理风险研究的重点，也是项目治理的监管重点。目前，研究人员将风险看做"事件发生的不确定性"并据此对风险因素进行归类与分析的情况十分普遍。然而，该种视角并未充分考虑到利益相关方行为给项目目标带来的影响，没有抓住产生风险的"人"这个关键，因而未能从管理的本质上探讨项目风险问题。

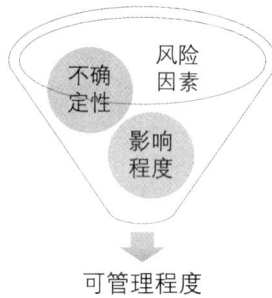

图 7-2　项目风险含义的组成部分

项目的成功需要治理者、管理者和实施者等利益相关方各司其职。有人承担责任不意味着他们能够或者应该承担责任，不可控制就不可管理，仅靠事后的奖罚来管理不是管理者应该采取的有效态度。将项目过程当成

---

① 刘兴智：《项目治理社会网络风险分析方法研究》，山东大学博士论文，2011 年，第 100-102 页。

一个黑箱，实际上是将管理的责任放在那些很可能承担不起这些责任的人身上。

　　一谈起管理，很多人都会想起"绩效考核"，很多管理人员也很习惯于以奖罚作为激励员工的手法，但是，"绩效"依然是一个存在很多争议的概念。项目是满足利益相关方需求的平台，各利益相关方是因为项目能够满足自身的需求才参与进来的，因此，项目"绩效"并不能简单地用传统的"金三角"（进度、质量和成本这三个指标）来表示，也不能简单地用项目成果来表示，因为站在不同利益相关方的立场看，"绩效"的内涵不同，因此，对"绩效"的判断标准以及评价方法也会不同。换句话说，将绩效定义为项目成果的做法是有失偏颇的，因为满足项目利益相关方需求的程度才是项目成果，需求不一样，对项目成果的理解也不一样。

　　由于利益相关方对绩效的理解不一样，因此，有人试图采用一种叫作360°评价的方式以体现在评价上的公平，也希望借此促进利益相关方彼此之间的协作。但是，这种方式在中国传统文化的影响下效果有限。"远交近攻"①是中国传统的外交策略，意思是联络距离远的国家，进攻邻近的国家。这是战国时秦国采取的一种外交策略，后也指待人处世的一种手段。和与自己工作关系相近的人，容易产生利益冲突，因此需要小心提防；而和与自己工作没有直接关系的人，不太容易产生利益冲突，因此更容易结交，以备今后之需。尽管这是一种偏颇的处事思想，但在现实社会中，要做事就很容易触动一些人的利益，要追求整体的效益经常需要影响局部的效率，其结果就是做事的人容易得罪人，因此这些肯干事的人所得到的评价结果反而不如那些不干事的"老好人"。

---

① 见《战国策·秦策》。

解决这种表面上一团和气、背后各自算计的"老好人"现象的方式是做到"对事不对人"。只有在令人不愉快的结果还没有出现的太极阶段中，"对事不对人"这种中庸的方式才能够实现，否则就容易陷入人事之争。面向过程的绩效管理是解决利益相关方陷入推卸责任和人事斗争的符合太极阶段要求的做法，也是"把坏人留给制度，把好人留给自己"的具体体现。

由客观数据转变为用于决策的信息

大数据时代，"数据"满天飞，从其中辨识出真伪及关键的信息成为新的挑战。无论是毛泽东的"没有调查研究就没有发言权"，还是管子的"明于机数者，用兵之势"，谈的都是分析信息的重要性。

人们常说"要客观地看待问题"，但在管理领域，客观是相对的，主观则是绝对的。所谓"客观世界"无非是真正的客观世界加上人的主观解释而形成的"主观性客观世界"罢了。换句话说，科学结论是不允许有反例的，其结论也不会因解释的变化而变化。但是，管理的任何做法都与人有关，都会有反例存在，因此也会遭到有些人的不满。管理并不能像科学一样以真假作为决策依据，而应以是否有效作为决策依据。

"实事求是"是中国人常说的一句话，但很多人只是将其简单理解为"说实话"，而没有抓住这句话的本质。"实事求是"是指从一个个具体的实践案例中发现其中存在的普遍规律，然后将这种普遍规律作为进一步指导实践的假设。"实事求是"面临的挑战既来自得到普遍规律的案例可能不真实这种情况，又来自将规律作为指导实践的教条而不考虑内因和外因的特殊性这种情况。

在春秋战国时期（公元前 770—公元前 221 年），有很多有名的策士，他们靠游说各国君主而获得利益和施展政治抱负，他们的言辞改变了很多国家，也产生了很多著名的篇章，如《鬼谷子》《战国策》《说苑》等。佛教《金刚经》中有言："我相即是非相。"《无常经》中也说："世事无相，相由心生，可见之物，实为非物，可感之事，实为非事。世间万物皆是化相，心不动，万物皆不动，心不变，万物皆不变。"《红楼梦》中有一句"假作真时真亦假，无为有处还有无"的名言。这些都说明：事实本身（数据）不如人们内心对事实的想象和理解（信息）重要，或者说事实并不独立存在，它只存在于人们对事实（数据）的解释中。可能这就是管理学与自然科学的根本区别。

尽管对管理决策来说，数据不如信息来得重要，但数据的积累有助于产生信息，信息的价值也在于对数据的解析。数据到信息存在量变引起质变的辩证规律。毛泽东在其《党委会的工作方法》一文中说："对情况和问题一定要注意到它们的数量方面，要有基本的数量的分析。任何质量都表现为一定的数量，没有数量也就没有质量。"在项目过程中，由于存在大量的变数，在过程中不断搜集数据为决策提供有效的信息十分重要。但是，由于项目诸多利益相关方的利益立场不同、专业习惯不同和人员具有流动性，保证数据的真实、全面、口径一致是十分重要的，也是困难的，因此需要采取依据里程碑节点采集数据、根据标准格式汇总数据、根据实际与计划的偏差度解析数据的工作方式。

在管理实践中，没有数据支持的决策常常会陷入因主观臆断而产生的陷阱之中，但是，若要数据反映客观的项目状况，就需要预先制定结构化、标准化的数据结构，要具备统一的测量方法和工具，没有标准的统一就无法比较。按照辩证思维，"量变引起质变"的实现需要数量积攒到很大程度才会发生，而项目都是特殊的，如何才能保证拥有足够大的、具备统计规律的数据呢？这就需要在项目中按照里程碑阶段采集数据，在企业内部按照项目群来进行数据采集。数据变成信息的过程尽管是很具有创意的，但也是有规律可循的。"反常即是妖"，数据达到一定的统计规律后，那些与统计规律相差较大的样本点就成了最有价值的决策信息来源，因为符合统计规律的工作即使没有决策也会因为惯性而延续一段时间，但那些"突变点"如得不到及时地判断和处置将会很快扭转统计规律的走向。这种信息分析的思想是基于风险考量的。

项目决策者和管理人员更多的是需要关注规律以外的事情，而将规律之内的事情交给稳定的职能部门来处理。这就是普遍性与特殊性的阴阳对立统一关系，也就是王宗岳在《太极拳论》里所说的"立如枰准，活似车轮，偏沈则随，双重则滞"。没有稳定的部门抓住稳定的规律，项目就容易缺乏可靠性；而没有项目决策者和管理人员对异样信息的灵活判断就不能使项目管理具有足够的有效性。

项目过程监管的一大挑战是判断利益相关方提供的数据和信息的真伪性。但是，对管理者而言的真假与对自然科学家而言的真假颇为不同，前者常常基于人的判断和接受度，而后者更倾向于与人的判断无关。前者更像艺术，后者才是科学。

　　人有亡斧者，意其邻之子。视其行步，窃斧
也；颜色，窃斧也；言语，窃斧也；动作态度，无为而不窃斧也。俄而掘其谷而
得其斧，他日复见其邻人之子，动作态度无似窃斧者。

——《吕氏春秋》

　　管理决策基于决策者的判断，而判断会因决策者的阅历、知识、情绪等不同而变化。《鬼谷子》中提出"见其谋事，知其志意。事有不合者，有所未知也。合而不结者，阳亲而阴疏。事有不合者，圣人不为谋也"，而诸葛亮提出"隆中对"也需要先问清楚刘备一个问题——"愿闻将军之志"，这些说的都是信息的价值并非基于冷冰冰的客观数据，而是基于利益相关方的人情、心理和需求。《菜根谭》里说的"文章做到极处，无有他奇，只是恰好"也是这个道理。

　　在项目的各个生命周期阶段，参与项目的利益相关方不同，利益相关方从事的活动与活动的结果也不同，这就会带来各利益相关方之间的信息不对称问题。利益相关方之间的信息不对称会对项目管理的可靠性造成损害，严重的还会引起利益相关方之间的冲突从而导致项目失败。要解决利益相关方之间的信息不对称问题，实现对项目管理的有效监控，就需要建立项目信息披露制度。

　　避免陷入人事斗争是解决工作矛盾的基本原则。"把坏人留给制度，把好人留给自己"的一种有效方法是建立标准化的信息沟通机制。很多人际矛盾的产生来自沟通方面产生的误解或其他不足。特别是对临时性的项目而言，具有不同文化和专业背景的利益相关方之间如果缺乏标准化的沟通形式，就会产生各种各样的隔阂和误解，致使工作矛盾变成人际矛盾。

　　项目信息披露制度是为保障利益相关方利益、接受利益相关方的互相监督而依照相关规定将项目的进度、成本、质量、变更状况等信息和资料向项目利益相关方公开，以便使各利益相关方充分了解项目情况的制度。要实现项目运行信息的有效披露，须从完善信息披露的内容、规范披露行为、强化问责机制、改进披露手段等方面加强项目披露制度建设。

　　信息披露需要及时。从心理上讲，信息的缺乏往往会导致人们往坏处想，对于那些人们特别看重的事情尤其如此。孩子放学比预期的时间晚到家，很少有父母认为孩子碰到好事了，绝大多数都是怀疑孩子身上是否发生了不好的事情，如车祸、被老师留下、去网吧等。企业也同样如此，当项目有一段时间的进展不透明时，人们往往会怀疑项目遇到了麻烦，要么是工期会拖延，要么是经费出了问题等。

　　信息披露并不是最终目的，而是要通过信息披露充分发挥监督与预警作用，让项目各利益相关方了解到项目运作的真实信息并有效维护自身的权益，降低项目风险，为项目目标的实现提供保障。对于一些公共财政投资或者影响面较大的项目来说，信息披露需要考虑社会舆情的影响，舆情可以是项目资源，也可以是项目的毁灭者。适时性、避免受众产生理解上的歧义、发布渠道和发布者的身份等都是需要仔细考虑的因素。其中适时性，即信息披露的太极阶段尤为重要，一旦人们对项目形成了某种先入为主的印象，就会对后续的信息进行有偏见的筛选，如果错失了这个太极阶段，要想纠正这些偏见将变得很困难。

　　项目审计是项目治理的一个有效方式。审计的本质是衡量受托人是否按照约定开展工作，即"约定"和"实际"的比对。项目审计不应该局限于财务范围，因为项目利益相关方对项目的期望是多元化的，他们希望通过审计来增加他们对项目的信任和信心。审计由审计目标、审计组织、审计要素三个维度构成，该架构可以指导项目治理审计工作的有效开展，以保障和监督项目治理角色关系的兑现，为项目成功提供有力支持。审计目标主要包括风险目标、效率目标、合规目标；审计组织主要包括项目治理委员会、项目治理角色甲乙方、治理角色隶属的管理部门；审计要素包括审计环境、风险评估、审计活动、信息披露、监督整改 5 个方面。项目治理审计的终极意义在于指导和帮助治理主体改善治理活动[①]。

对于项目变更的管控来说，审计可以发挥更重要的作用。以职务变更为节点的离任审计是常见的审计方式，这是为了界定前后任人员的责任边界，但以变更为节点的审计常被人们所忽视。在项目变更中，很容易出现绑架上司的现象：人们希望其所负责的项目工作进行变更的愿望往往是站在自身的利益立场上的。要想进行项目变更，需要向自己的分管上司申请并获得批准，而分管上司与申请者利益立场经常一致，因此变更申请容易得到批准。这种过程会由下往上各级申报直至足够的高层，而若某个高层人士同意了变更，则变更得到否决的可能性就比较小了。因此，变更的审批权必须独立，不能简单交给某些利益相关的分管领导，需要由独立的变更控制小组来对变更的合理性和必要性进行评审。

若变更得到批准，就需要进行配置管理，以确保该变更涉及的各相关方、各相关工作得到相应的变更以保证整体系统取得新的和谐。在变更实施后还需要对变更的效果进行评审验证：若变更没有达到预期的效果，那么今后类似的变更就更难得到批准；若变更达到了预期的效果，则需要考虑是否将企业管理项目的标准或规则相应地变更过来。这是一种持续改进

---

① 丁荣贵，刘兴智，孙亚男，等：《政府投资科技项目治理的审计方式研究》，《中国软科学》，2009 年第 5 期。

过程（见图 7-3）。不管怎么说，变更过程若是过于容易则没有人愿意认真制订计划，这种阴阳辩证关系需要得到重视。

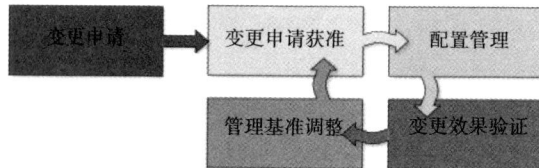

图 7-3　项目变更管理的程序

惩前和毖后缺一不可

仅靠奖罚包打天下的人员不能称为真正的管理人员。对很多管理者来说，他们否认管理是一门需要经过专门训练才能达到良好效果的学科，造成这种局面的原因既有实践界的，也有理论界的[①]。这些管理人员对待管理的认知是原始的，即过于相信奖罚的力量。"重赏之下必有勇夫"是中国人熟知的激励手段，可是，积极性高涨并不等于能取得理想的结果。管理有两个很容易被人们忽视的前提条件：一是我们没有足够的金钱和权力；二是我们面对的是普通人。因此，"重赏"的前提常常不具备，而普通人的个人潜能也有限，并非充满激情就能把事办好。利益相关方参与项目的动机不同，这些动机之间常常隐含着矛盾。我们不能指望通过奖罚就一定能够解决这些矛盾。

项目在预期结束时可能达到了设定的目标，也可能没有达到设定的目标，甚至有些项目中途就被迫中止了。但是，无论哪种情况，都需要对项

---

① 可以参见丁荣贵著的《项目管理：项目思维与管理关键》（第 2 版）的后记部分，该书由中国电力出版社于 2013 年出版。

目进行评价总结，为利益相关方将来的项目提供借鉴。这项工作一般需要由项目治理者来完成，而不属于项目经理的责任范畴。

> 令未布而民或为之，而赏从之，则是上妄予也。上妄予，则功臣怨；功臣怨，而愚民操事于妄作；愚民操事于妄作，则大乱之本也。令未布而罚及之，则是上妄诛也。上妄诛，则民轻生；民轻生，则暴人兴、曹党起而乱贼作矣。令已布而赏不从，则是使民不劝勉、不行制、不死节。民不劝勉、不行制、不死节，则战不胜而守不固；战不胜而守不固，则国不安矣。令已布而罚不及，则是教民不听。民不听，则强者立；强者立，则主位危矣。故曰：宪律制度必法道，号令必著明，赏罚必信密，此正民之经也。
>
> ——《管子·法法第十六》

要使评价起到良好的作用，管理者不仅需要领导艺术，更需要约束自己和承担起必要的责任风险。很多制度毁于上司自身，上司期望掌握足够的主动权，因此给自己留了足够的弹性，并不预先明确对项目的评价和赏罚标准，甚至自己也常常置身于程序和规则之外。但是，上司给自己预留弹性，意味着将风险和责任推卸给下属，这将引发下属对自身利益的保护。上司与下属之间彼此存在信息不对称，利益保护和责任推诿会产生彼此不信任的文化而导致项目失败。这是一个恶性循环。只有领导者先将自己的退路封死，才能赏罚有效、令行禁止。

项目评价，名义上虽然评价的是项目，实际上评价的是人，因为唯有人可以被管理也最难管理。表面上是对工作的评价，实际上隐含着对人的评价；表面上是对事物的管理，实际上也是隐含着对人的管理。管理的核心是处理好人的问题，这才是"要做事先做人"的真实含义。中国人为了在开展评价工作时让被评价者容易接受评价结论，经常采用"对事不对人"的说法，实际上，"对事"为阳，"对人"为阴。中国成语或俗语中有很多关于运用阴阳手法进行评价的内容，例如"指桑骂槐""含沙射影""敲山震虎""打草惊蛇"等，这些阴阳之间的巧妙配合构成了中国人的评价艺术。

项目是临时性的，但是，项目结束了，参加项目的人还在，企业还在，如何使临时性项目的成果对相对长期性的人和企业产生更多的附加效益是项目治理需要解决的重要问题。

人们容易将项目总结评价误认为是以过去的项目成果为依据的，其目的在于对项目成功与否下一个结论，其实，项目总结评价的目的更多的是面向未来的，因而，项目总结评价和奖罚的依据不仅依据过去的项目成果，也依据项目利益相关方未来的需要。换句话说，项目总结评价连接了"昨天""今天"和"明天"这三者（见图 7-4）。中国人在这方面积累了很多智慧，"杀鸡儆猴""塞翁失马焉知非福""亡羊补牢"等就是反映了构建"惩前"与"毖后"之间对立统一关系的思想和方法。

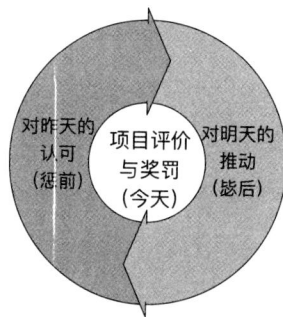

图 7-4　项目评价与奖罚连接了过去与未来

　　管理者常常面临两难的决策，这既是管理的难题，也是管理的魅力所在，因为如果在决策时有某个方案在各方面均优于其他方案，就不需要有决策行为了。在项目总结评价阶段，必然有人得到奖赏，有人受到处罚。善用赏罚是管理艺术的核心内容，正如管子所言："治国有三器，曰号令也，斧钺也，禄赏也。非号令毋以使下，非斧钺毋以威众，非禄赏毋以劝民。"赏罚需要抱着惩前毖后的思想，也就是要有"菩萨心肠"才能采取"霹雳手段"，这二者是对立统一的辩证关系。"慈不将兵，义不掌财""人心似铁非似铁，官法如炉真如炉"，管理者要能够硬得起心肠。如果赏罚是为了维护更多人的利益，是为了将来的发展，那么在法律允许内严苛的手段也是可以采用的。《司马法》①中"杀人安人，杀之可也；攻其国爱其民，攻之可也；以战止战，虽战可也"，说的就是做事需要区分目的和手段的道理。

　　在项目赏罚中还有一个阴阳辩证关系要处理好，这就是上下级之间的连带责任。管子为解决上下级责任的矛盾提出了一个有效的方法，即"罚有罪不独及，赏有功不专与"，意思是指：下属干砸了，上司需要承担领导责任，要不然下属会不服气，上司也不会汲取教训，因此要一起受罚；上司干好了，一般也有下属的功劳，因此也要给予下属奖励，否则今后下属就没有积极性，上司也没有威信。姜太公在《六韬》中认为："将以诛大为威，以赏小为明。"同样，《史记·司马穰苴列传》也说"要取信，罚不如赏，赏大不如赏小；要立威，赏不如罚，罚下不如罚上"，即立威的有效方法是拿上司来开刀，而激励的有效方法则是拿基层员工来举例。中国的领导艺术中有"恩威并施"一说，有恩才能有威，"士为知己者死，女为悦己者容"，平时不关心员工的领导是不可能有威信的。

---

①《司马法》是重要的春秋时期军事著作之一。

　　要明确赏罚的目的，即"赏所以存劝，罚所以示惩；赏一以劝百，罚一以惩众"[1]。《孙子兵法》认为"围师必阙"，因为这样可以避免敌人在绝望的时候拼死一搏。同样，"得饶人处且饶人""兔子急了还咬人""破罐子破摔"等中国民间俗语也都说明了给人以希望的重要性。正因为有对未来的希望，人们才会将以前的经验教训总结起来，才能够吃一堑长一智。即使项目结束了，但参与项目的利益相关方还存在，在将来还有很多项目需要完成，管理者要善于引导人们往前看。如果人们能够看到未来的美好，即使遭受很大的挫折也不会绝望。毛泽东说过"前途是光明的，道路是曲折的"，换句话说，只有在人们相信前途是光明的情况下，才能够在曲折的道路中坚持前行。

　　监管者对被监管者需要有足够的约束力，被监管者一般也认可监管者的权力，这是中国千年来儒家"君君臣臣父父子子"的教育结果，但是，过犹不及。监控者与被监控者只是角色的不同，并不意味着其智商的高下。当"君不君"时就会产生"臣不臣"，也即会产生儒家代表人物孟子对齐宣王所言的"君之视臣如手足，则臣视君如腹心；君之视臣如犬马，则臣视君如国人；君之视臣如土芥，则臣视君如寇仇"。

　　中国人讲究"投桃报李"，讲究"人敬我一尺，我敬人一丈"，在项目监管过程中，需要根据项目的特点和利益相关方的特点确定监控的松紧程度，对那些非原则性的问题要保持一定的弹性，给予管理人员足够的灵活机变的权限，要学会"睁只眼闭只眼"，要会"抓大放小"，这样才能保证管理人员和普通项目组成员的积极性和创造性，才能解决因项目特殊性而产生的一些难以通过规范化制度解决的问题。在监管过程中需要把握好原

----

[1] 见《六韬·文韬·赏罚》。

则性与灵活性的平衡，需要做到在严格的原则框架内给人们以有限的自由度。

太极拳讲究"四两拨千斤"，要做到这一点需要在对手力量强弱转换和重心失衡的瞬间发力。尽管中国人认为"重赏之下必有勇夫"，但企业的资源是有限的，项目的资源也是有限的，如何能够用最少的金钱产生最大的激励，甚至不用金钱和有形资源也能产生最大的激励，其窍门就在于能够把握人们心理变化的时机，把握好人们面临的主要矛盾的转化时机。同样，在项目风险管控的投入上，也是要把握好恰当的时机才能产生事半功倍的效果。王宗岳在《太极拳论》中所言的"动急则急应，动缓则缓随"，《史记》中所言的"天与弗取，反受其咎；时至不行，反受其殃"，以及《三十六计》中的"机不可设，设则不中"讲的都是这个道理。从心理学上讲，信息不畅会使人产生焦虑、怀疑等负面心理，因此，奖励一定要及时，不要期待着事后的惊喜，而处罚反而有时可以延缓一点，以便进一步增加无形的心理压力。

《大戴礼记·子张问入官篇》[①]中有一句中国人熟知的"水至清则无鱼，人至察则无徒"，意思是说处理矛盾不要太理想化。中国人很讲究面子，有很多的项目监控策略只需要在各种矛盾的太极阶段点到为止。管子说的"必得之事，不足赖也；必诺之言，不足信也"也是这个意思。"上有政策下有对策"是中国人聪明之所在，也是中国人的生存之道。"千里之堤毁于蚁穴"，同样，管子认为犯了过错不能随意赦免，因为"凡赦者，小利而大害者也，故久而不胜其祸。毋赦者，小害而大利者也，故久而不胜其福"，这些也都值得管理者深思。

[①] 儒学经典之一，所收文章是孔子的学生及战国时期儒学学者的作品，由西汉末的学者戴德收集整理而成。

第8章

项目化与去项目化的对立统一

偏沉则随，双重则滞。

——王宗岳《太极拳论》

"一阴一阳之谓道。"项目是临时性的，但是，承担项目的企业和个人是长期性的；不同项目的需求是不一样的，但是，企业的组织结构和职能则是相对稳定的。在变化的社会环境中，企业要生存与发展必须要创新，但由于竞争的激烈性，企业运作又需要具备足够的效率和可靠性。解决好这些临时性与长期性之间、独特性与稳定性之间、创新与可靠性之间的矛盾是项目治理的重要内容，也是创建企业项目治理平台的价值所在。

抓好项目治理平台建设

如果我们将独特性的、临时性的任务作为项目定义的话，确实，所有的任务都是项目，我们可以将其作为项目对待。但是，只有共性才会带来效率，我们需要在独特性和效率之间进行权衡。项目化会促使我们面向任务、面向成果，但是，鼓吹项目化、"一切都是项目"也会带来严重的隐患。

对创新的过度崇拜、对业绩的盲目追求很容易使人们产生浮躁的情绪，使人人都不甘于平庸，结果恰恰是造成了很多标新立异的平庸的"创新成果"。这种做法会耗散企业的宝贵资源。在"项目化"就是"一切都是项目"的幌子下，每个人都会想方设法去发动一些项目，企业的目标反而会被人们忽视。项目是临时的，这种临时性会加剧人们的不安全感。获取项目后，人们在还没有取得项目成果前就会琢磨如何才能获得下一个项目。

"不想当将军的士兵不是好士兵"这句话并没错，但是如果变成了"不去争着当将军的士兵就不是好士兵"这样的局面，"宁为鸡头不为凤尾"的情况就会产生，就会出现人们想方设法去发现项目而不顾企业整体目标的情况。不断追求新项目的重要性会大于追求项目成果的重要性，人们就像穿上了红舞鞋一样忙个不停。这种情况加剧了"企业里的每个人都在忙，忙着掩盖事实的真相"这种情形。社会中也会形成一批忙于评价项目、忙于协调项目资源的"专业评委"，派系等不良风气会应运而生，企业老总会疲惫不堪，企业会陷入极度混乱。

　　两千多年前，管子就提出"内政不修，外举事不济""内政之不修，外举义不信"。《管子》中说："凡攻伐之为道也，计必先定于内，然后兵出乎境。计未定于内，而兵出乎境，是则战之自胜，攻之自毁也。"企业面向市场、面向客户没错，但是，这并不意味着全员都在直接面向市场、面向客户。如果将直接面对市场和客户的项目作为前线的话，公司的职能部门就是后方。只有前线部队、没有后方有效支撑的战争是很难打赢的。只有冲锋杀敌的游击队，没有根据地的支持，很容易使游击队变成无源之水，这样的队伍是很难生存的。项目负责人自然要以项目为优先，他们追求一个项目的成功，追求相对局部的成效；职能部门则需要以公司的整体为优先，提升企业长期的生存能力，追求企业战略的成效。

　　在快速变化的社会中，项目是重要的，但不能为项目而项目。这样的教训在企业、在政府机构、在高校和研究单位出现得太多了。企业高层管理人员主要是管理非重复性的项目，但是，不能人人都在抓项目，大多数人还是应该做一些生产性的、以效率和标准为核心的工作，这两种工作的交替、互补才能带来企业的效益和效率。

　　一些企业为了提高收益，内部会出台一些"激励"措施，常见的方式是"引入内部竞争机制"。很多企业的"内部竞争机制"实质上是类似于业务提成制。这样的内部竞争容易形成各部门之间严重的孤岛现象，彼此之间互不信任，对同一合同甚至内部竞价、相互拆台。内部竞争的效果常常使企业各部门将眼光放在其他部门身上，而不是放在企业外部、放在客户身上。各部门彼此之间相互拆台、内部压价，甚至产生"宁予友邦不与家奴"的思想。在这种情况下，在企业内部提倡前方与后援的配合是十分重要的。

企业内部要不要竞争？要，因为人毕竟有懒惰、自私、贪心等弱点。但是，竞争什么则是管理者需要考虑和厘清的。企业竞争无非有两大领域：效益和效率。效益主外，效率主内。内部竞争主要在于效率之争，而对外竞争者则是以效益为主。简单说来就是"对外开源，对内节流"。

对于项目管理来说，效率之争在于建立在质量、费用和进度基础上的利益相关方满意之争，如果以质量作为常量（尽管由于需求挖掘等方面的原因经常变化），项目管理的效率之争主要在于费用和进度之争。如果企业不是鼓励内部效率之争，而是鼓励内部利益之争，大家不是"对外开源，对内节流"，而主要是"对外妥协，对内拆台"，拆台可能不是主观的，但其结果就是造成了资源发散，使一个竞争力较大的企业变成了一个个在大企业名义下小作坊式的混合体。很多企业提倡的"狼文化"经常导致的后果是企业没有精力对外部的竞争对手应用"狼文化"，反而是对内部的战友和客户采用了"狼文化"。

在完成任务时，我们需要项目管理的思想，但只有在任务涉及多方人员、范围能够界定、独特性的特点明显大于重复性的特点时采用项目的形式才是有益的。"一切都是项目"，但是，是否将其当作项目来管理需要视情况而定。例如，对于一些建设企业来说，项目的执行已经常态化了，其面临的管理挑战可能是来自市场、资本运作、临时性资源的效率等方面而不是项目的执行阶段。换句话说，这类企业面临的主要挑战不是以项目经理为主要责任人的项目管理，而是项目治理，是需要企业高层管理人员来承担责任的。对这些被称为"项目型"的企业来说，如何才能"去项目化"，如何才能做到"以工业生产的效率去满足项目个性化的需求"，是企业成长面临的新问题，而装配式建筑等措施则是对这些问题的一些解答。

在航天领域，型号项目实际上是一个项目群。在传统管理方式中，每个型号都有自己的场地、配套设施、图纸和规范，不同型号之间通用性差，不仅造成了硬件设施、设备、工装和材料等资源的浪费，也不利于充分发挥专业资源的作用以促进产品创新。自 2016 年以来，中国航天工业的一些研究院已经开展"去型号化"的研究和实践工作。

目前，中国 PPP 项目很热。项目特征只占 PPP 的一部分，或者说很少的一部分，PPP 的大部分挑战来自长达二三十年的运营——在由新技术、新的政治和社会环境、新的人口特征带来的不确定性情况下的运营。换句话说，PPP 的重点不是一个投资项目，而是项目化之后的去项目化。

从社会整体来看，项目型企业和去项目化的平台型企业将是 VUCA 环境下阴阳对立统一的两大经营主体。没有项目型平台企业就不能应对复杂、变化和不确定性的世界，没有去项目化的平台企业则无法以高效率供给项目型企业需要的资源，无法给客户提供因规模化和标准化带来的高可靠性和低成本。

习近平担任中共中央总书记和中央军委主席以来，对解放军的治理机制做了重大改革，其中之一就是由原来的兵种与军区制改成兵种与战区制。军区是以地区为责任范围的，但是，现代战争的边界已经变得模糊和交错，这种划地为责的方式不能适应现代战争的变化。兵种管建设、战区管作战的矩阵式机制既能够有效整合整体军事资源、提升军队的基础能力，又能够综合协作、应对复杂多变的战争需要。如果说一场战争是一个由战区负责的项目或项目群的话，兵种则是管平台建设的职能部门。

由于项目面临任务的独特性、创新性和项目所处环境的不断变化，制度更新的频率很快，而频繁的制度变化会使项目成员无所适从。"计划不如变化快"是知识经济时代的特点，在某种程度上项目管理的重点在于对变化的管理。制度与生俱来的官僚性难以适应这种快速变化的特点，一个项目如果被笼罩在僵化的制度之下，其结果常常是维护了制度而牺牲了机会。在变化的环境下，甚至"岗位"都已不足以应对灵活的任务而需要代之以针对任务而言的"角色"。

目前，在人才市场中知识工作者的薪金行情日益看涨，企业完全占有知识工作者的代价将越来越高，投入产出比将越来越低，这些变化都促成了企业以动态团队（项目）为载体的方式利用知识工作者。但是在很多企业中，尽管也采用了"项目""项目管理"等说法，但并未能够以动态的资源去应对动态的任务，而采用的是以静态的资源去应对动态的任务，其结果必然是该类企业成本中最重要的人力资源成本的上升，不仅如此，由于资源割裂，还会造成所承担的各类项目的延期，从而影响企业的信誉。

在企业管理中，存在专业化发展还是多元化发展之争，大多数的评价标准会从市场、资本、核心技术等方面来考虑，但是，只要能够迅速集中资源，企业就有多种选择余地，也无所谓多元化还是专业化。换句话说，无论是专业化还是多元化，都需要以企业整体的力量去应对，需要"全心全意"，而不能采用化整为零的方式来运行。

人人都知道项目管理需要系统思考，但是，顾此失彼、专注局部利益而损害了整体利益、解决了一个问题而产生了一个或一连串更难解决问题的现象比比皆是。企业需要将资源的部门所有制转变为项目所有制，将岗位责任制变成角色责任制，将内部的效益竞争转变为面向外部的效益之争和面向内部的效率之争，只有这样，才能走向真正的项目管理之道。

项目的机会会在短暂的时间内出现和消失，企业需要及时抓住这些机会并通过项目将机会变成成果，但是，完成项目需要资源，企业不可能为了难以预料的机会预先储备足够的资源，如何能够使资源 "来得了、干得好、走得掉"是企业管理需要解决的难题，也是项目治理和项目管理面临的考验。

项目是平台，项目治理的作用就是通过统一的平台建设为一个个具体的项目管理问题提供统一的解决方案，因而也是稳定、高效和可靠的后援支撑。项目治理平台是为多个功能性项目提供的可复用性条件的集合，这些条件能够提高项目管理的效率和可靠性，以及增强多项目之间的协同性。

临时性项目与稳定性部门的协同

在企业中常常听到类似于这样的一句话："各部门在 5 号前将下个月的计划报上来。"这句话隐含了一种假设，即企业各部门是可以独立做计划的。但是，企业各部门的工作是有关联的，一个部门的活动会受到另外一些部门的影响，彼此独立做计划是不现实的。这种要求容易使各部门为做计划而做计划，因而产生"积极怠工"的现象。

一个有效的组织机制需要包括流程、责任和绩效管理三个部分。这三者之间具有明确的先后逻辑关系：流程用以明晰组织需要完成的工作；责任用以明晰每项工作应该由谁来承担；绩效管理则是解决人们在承担完成工作的责任中存在的方法问题和动力问题等。在很多企业中，一旦结果不理想，管理者们往往会从考核方面着手解决问题，他们想当然地认为只要改变了考核和相应的奖惩措施就会改变企业的绩效。还有一些企业认为建立企业的组织机制应该从组织结构的设立入手，而忘记了组织结构是为了保障任务的完成而设立的，部门是企业为将同类别的工作放在一起便于管理而设立的。"皮之不存，毛将焉附"，没有任务的分类就匆忙设立组织结构，只会产生"积极怠工"的现象，即每个部门为了证明自己存在的价值，会造出很多事情来。先确定项目流程，再明确部门设置和职责是"因事设人"的体现。先明确项目工作流程和活动，以流程和活动来调用部门的资源，以流程和活动的先后关系和重要程度来确定部门资源投放的优先次序是项目组织设计的重要思想。

矩阵制组织形式是常见的项目组织形式，这种组织形式中存在一个人多上司的问题，本质上是临时性权力与稳定性权力之间对资源争夺而引起的冲突。项目是临时性的任务，在项目实施过程中，项目经理只在项目生命周期内掌握资源使用权力，这种权力具有明显的临时性；职能经理相对于项目经理而言，拥有更稳定的权力。在资源有限的情况下，这两种权力的交汇点必然落在资源的争夺上。

企业的目标可以被分解为两部分：一部分为各部门的目标，另一部分为各项目的目标。目标的分解意味着责任和压力的分解。为了完成目标，人们需要资源。按照常规的理解，资源主要是指人、财、物这些排他性资源，因此，项目与部门之间存在资源竞争。由于项目是临时的而部门是相对稳定的、项目的考核目标刚性大而部门的考核目标柔性大、部门的权力实在而项目的权力虚化，这些资源更易于被部门使用。其结果是企业的项目化很难真正实现，企业表面上是项目导向型的，但实际上还是基于稳定部门的分工来完成项目。但是，职能部门也常常难以承受企业分配给它们的压力，因为同样有很多外部因素是它们控制不了的。例如，企业人均利润率常常被作为人力资源部的考核指标，但是，由于销售、企业结构等方面的原因，人力资源部并不能承担这样的压力，这样的指标即使很容易考核也没有实际意义。这种管理方式表面上是为了使各部门和项目都为企业目标承担责任，实际结果却是目标发散，各部门、部门与项目之间相互扯皮、推诿，从而形成"企业里的每个人都在忙，忙着掩盖事实的真相"这种局面。

矩阵制组织问题的根源在于对职能部门的定位不准确，职能部门是以职能工作为导向而不是以企业目标为导向。要解决这个问题，必须转变企业组织部门和项目组之间的角色关系，并以相应的驱动力去推动部门与项目之间建立全新的联系。

在变化的环境中，企业价值源于一个个项目目标的实现。因此，企业的部门应该分为两类基本部门：一类是完成项目的动态部门，即项目组，它们是项目资源的使用方；另一类是支持项目完成的静态部门，即项目资源的提供方。为了化解矩阵式组织中存在的问题，需要改变企业部门在职能设定中的思维习惯，企业职能部门中的"职能"应从"管理""生产""采购"等转变为"资源保障"，它们必须变成各种专业资源的供给和维护部门，职能部门经理也需要变成"资源经理"。这里的"资源"是个广义的概念，它不仅是指传统意义上的人、财、物，更主要的是指信息、规则、方法等。

实现部门角色转变的驱动力在于建立相应的绩效评价体系，因为"你先告诉我你将考核我什么，我再告诉你我将怎么做"是人们普遍的心态。改变了评价方式就改变了一切，否则什么都改变不了。很多企业在制定绩效考核指标时，各部门同时、独立地将考核指标呈报给上级。独立制定考核标准，只有在部门与部门之间可以独立开展工作时才能适用，在各部门需要以项目为平台协同运作的情况下，这种方式是不可行的。

企业的绩效考核方式应该以产生效益的项目目标为导向，以此倒推出静态和动态部门的责任。很多企业都面临职能部门难以考核的情况，其实，如果明确了其对项目的支持方角色，这种考核就不难了。其基本原则在于：由资源的使用方考核资源的提供方。但实践中却常常相反，难怪这类问题总是解决不了。如果甲、乙、丙是企业的三个部门，其中甲部门（项目组）负责项目的实施，乙、丙部门作为项目的资源支持方。企业有效的绩效考核方式应该从甲部门开始，首先制定甲的绩效目标，甲根据其绩效目标提出相应的要求，如需要丙提供某种资源支持等。丙针对甲的要求，相应地提出对乙的要求，乙为满足上述要求，则提出对甲、丙的要求……。这些彼此之间的要求被指标化后，按照部门汇总便会很容易形成各部门的绩效考核指标。

只有既能聚焦于项目目标的实现，又能充分、有效地调度企业资源的中庸式项目组织机制才是合理的。要做到这一点，需要以流程为载体来明确企业部门和项目之间的角色关系：由项目任务组成的流程是产生成果的主线，流程中的任务从由职能部门构成的"资源池"中调用资源，当任务完成后，将资源释放回"资源池"以便其能够被其他项目或其他任务所使用（见图 8-1）。这种方式能够实现资源的动态调度，能够产生"3 个人干5 个人的活拿 4 个人的钱"的结果。流程是展示部门与项目之间价值关系的方式，也是企业的组织载体。同时，需要建立从企业目标出发倒推到各项目和相关部门绩效指标的绩效评价方式，为实现部门角色转变提供驱动力。此外，这种组织机制的效率在于岗位管理向角色管理的转变程度和角色之间界面的有效性，企业需要不断提炼和复用知识才能做到对资源的动态调度，也才能保证企业组织机制的真正形成。

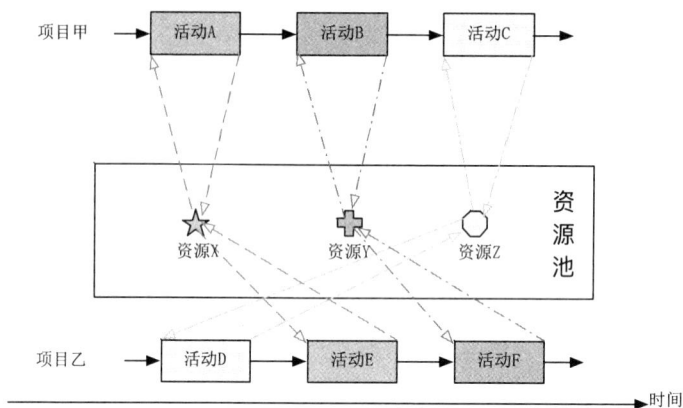

图 8-1　项目流程从"资源池"中调用资源

在万科的内部管理中，没有"职能型"和"矩阵型"之争，只有流程。强调做流程型企业，强调各职能部门、各层级和各专业线服务于流程。

——王石[①]

让听得见炮声的人指挥炮火。

——任正非[②]

一般认为项目经理应该对项目负责，但是，项目经理既不能对该不该干某个项目负责，也不能完全对项目计划负责，因为制订项目计划需要考虑资源的供给情况，而资源则掌握在资源部门手中。项目经理希望得到的资源越多越好，而资源经理则希望项目消耗的资源越少越好。项目部门和

---

① 中国最知名的房地产公司万科集团的创始人。
② 中国最知名的 IT 公司华为技术有限公司的创始人。

资源部门之间的矛盾需要依靠在企业内部设立的项目管理办公室（Project Management Office，PMO）来维持平衡（见图 8-2）。PMO 将行使公司委托代理权，对各项目进行监控并对公司的项目执行收益负责。项目经理依据项目目标向资源经理提出资源需求后，PMO 依据项目对企业价值和效益的贡献程度对上述资源要求进行评估，以此确定资源需求的合理性及安排优先权，在某种意义上讲，PMO 是企业中真正的管理机构。PMO 既可以是一个部门，也可以是几个部门的联合体。当职能部门变成资源提供部门后，职能部门与项目这个资源使用部门之间争夺项目资源的问题将转化为项目与项目之间争夺资源，"一个人多个上司"这个难题将产生质的变化，可以由 PMO 决定的资源投入优先次序来解决。

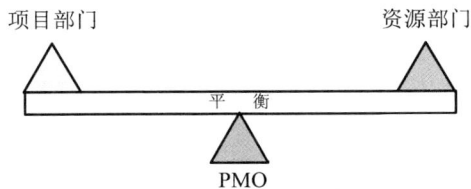

图 8-2　PMO 用以维护项目部门和资源部门之间的平衡关系

这种组织机制中还存在一个附加问题：如何实现员工由岗位管理向角色管理的转化？在很多企业中，以岗位为管理单元的"籍贯制"方式仍然占据主流地位。企业的"籍贯制"实际上是"部门隶属制"，是一种在相对静态环境下组织框架内的产物。上司有权力分配下属的任务、确定其工作的先后次序、进行决策、给下属的工作设定时间限制、聘任或解聘下属等。下属作为上司的一种资源，上司可以占有这种资源，至少在工作中上司对下属有控制的权力。这种占有具有排他性和等级性，一个下属不能被两个上司占有。上司下达指令，下属对指令做出响应；思考活动由上司完成，执行活动由下属完成。项目导向型企业人力资源管理的核心是提高能够以动态的资源去应对动态任务的能力，为此需要将资源的"部门隶属制"转变为项目"角色调配制"，将静态的岗位变成动态的角色，只有这样，才能走向真正的项目管理之道。

由于项目面临任务的独特性、创新性和项目所处环境的不断变化，静态岗位制不足以应对多变的项目任务，需要将资源的部门隶属制转变为动态的项目角色调配制，才能提高项目治理的有效性和可靠性。如何让利益相关方迅速进入角色、迅速发现问题、迅速拿出解决方案、迅速提交项目成果、在完成任务后能够及时退出项目以承担新的角色是项目治理需要解决的问题，探索实现项目资源的动态调度方式对于项目治理成功的重要性是不言而喻的。

项目角色是指项目利益相关方因承担项目任务而担负的责任以及拥有的权利的组合。"角色"是指某个人或组织，以及其附属的某种具体责任及权利。项目利益相关方构成的社会网络是一种责任和利益网络，彼此之间既有需求又有责任，其承担的责任与利益相关方需求的实现策略有关。围绕项目利益相关方需求和项目关键成功因素，从治理的角度可以将项目角色统一划分为"规划""操作""维护""监控"等四类基本治理角色。"规划"角色是指提出项目需求和项目实施方案的部门和人员，"操作"角色是指满足规划角色需求的部门和人员，"维护"角色是指为操作角色提供资源、工具等的部门和人员，"监控"角色是指对规划、操作和维护角色的行为进行监督、管理和评价的部门和人员。[1]

在确定治理角色之后，需要建立起角色与责任主体之间的映射关系，

---

[1] 丁荣贵，费振国：《项目治理研究的迭代过程模型》，《东岳论丛》，2008 年第 3 期。

即治理角色关系。项目治理角色之间的关系是一种基于社会网络的规制关系，这些关系可以通过正式契约（立项任务书、商业合同等）的方式建立，也可以通过非正式契约（组织内部的关联计划、团队建设的心理契约等）来建立。建立项目治理角色之间的关联联系，使项目利益相关方之间真正形成一种可靠的价值联盟，同时项目结束后还可以形成可复用的知识以有效地化解未来项目的风险是十分重要的。界定风险管理的角色、确定风险管理角色的控制方法并为利益相关方所接受是建立项目治理角色关系的重要内容，它们与项目治理角色划分一并构成了项目治理结构的建立及其可靠性的保证机制。

以标准化的效率满足独特性的需求

对于企业来说，原创不如由复用集成而来的创新更可控、更高效。创新分为原创和重新集成两大类，人们总是认为原创最重要，其实真正的原创是难以预料的、不可控制的，因而也是难以管理的。对企业来说，由于受到竞争压力的限制，需要在限定的时间和费用内拿出新产品，而不能像大学和科研机构一样强调"容许失败"，这也是项目有时限性和费用约束的原因所在。要解决"创新"和"时效""费用限定"之间的矛盾，需要找到一条"可控的创新之路"，这条"路"就是阴阳对立统一的"以复用求创新"。

提高效率和可靠性的最佳方式是复用，而要复用则需要标准化，那么，如何才能以标准化应对项目的独特性呢？这就要细分，即采取"细分——标准化——复用"的方式来统一独特性和创新性之间的矛盾。

中国阐述变化以及应对变化的经典《易经》也是用"阴""阳"这两大基础要素，通过"乾""坤""艮""兑""坎""离""巽""震"这 8 种基本自然状况的复用组合来描述千变万化的自然和社会现象中的规律性问题。《孙子兵法》中也说了同样的道理："凡战者，以正合，以奇胜。故善出奇者，无穷如天地，不竭如江河。终而复始，日月是也。死而复生，四时是也。声不过五，五声之变，不可胜听也；色不过五，五色之变，不可胜观也；味不过五，五味之变，不可胜尝也；战势不过奇正，奇正之变，不可胜穷也。奇正相生，如循环之无端，孰能穷之？"

项目管理既有科学的成分，又有艺术的成分。但是，什么是科学，什么是艺术，二者的区别在哪里？当我们了解某件事物的程度不够充分，不够深入细致时，该事物的艺术性较大，反之则科学性较大。一幅传世名画，可以通过将其细分成很多部分进行复制；一首传世名曲，可以通过记载它的曲谱得到传播。当我们有了高像素的复印技术、高保真的录音技术时，要复制名画、传播名曲就更容易。技术是艺术的解密者，而技术又来自对细节的知识积累。我们可以据此去寻求更有效的项目管理理论和方法。

我们可以从两个方面理解项目的独特性。一方面，对承担项目的企业来说项目本身是独特的，但是，如果将项目进行分解再分解，我们就会发现这些细分部分中有很多是我们以前做过的或似曾相识的；另一方面，对承担项目的人员来说项目是独特的但在企业范围内，曾经有人完成过该项目或完成过该项目中的一部分。我们的主要问题不在于理解项目的特殊性，而在于不知道该如何细分项目任务，以及我们不知道其他人是怎么成功完成项目任务的。

执行效率的高低在很大程度上决定了项目价值的大小，提高执行效率是项目管理的核心所在。要提高项目的执行效率，必须提高项目的构件化程度，并提高这些构件的复用性。

《道德经》指出："图难于其易，为大于其细。天下难事必作于易，天下大事必作于细。是以圣人终不为大，故能成其大。"管子也提出："智者知之，愚者不知，不可以教民；巧者能之，拙者不能，不可以教民。"两者都是指只有细化才能简单，只有简单才能让普通人做到，而只有普通人做到才能够成就大的事业。对项目来说，由于人员的流动会引起经验的流失，如何才能让普通人迅速掌握必要的技能，如何才能让新来者迅速进入角色产生成果，如何使人完成任务后能够离开项目而不至于影响后来者的工作接续，都需要将项目任务进行分解（构件化）、将其接口进行封装（标准化），以及据此进行角色训练才能实现。

所谓构件化项目管理就是通过将完成项目所需要的构件进行细分、标准化、封装并提高其复用性，将企业内外的项目知识和经验转化为项目管理技术，从而减少对项目组成员个体知识和能力的依赖，并提高他们的个体工作效率和项目总体执行效率。

企业要实现构件化项目管理需要经过以下步骤。

第一，将项目拆分成构件，并对这些构件进行标准化、封装以提高其复用性。

项目是由以下构件集成的。① 流程。即为实现某个目标而设定的一系列次序相对固定的步骤。② 活动。即为提供符合要求的结果而进行的工作。③ 角色。每个项目活动都被分配给具体的角色，角色代表项目中个人承担的任务，并定义其如何完成工作。④ 工件。即流程的工作产品。

工件提供活动的输入和输出，并提供活动之间的通信机制。角色使用工件执行活动，并在执行活动的过程中生成工件。

将项目分解为构件，并将其进行标准化和封装有时十分困难，因为其中会存在我们不知道的且不能提前预知的东西，就是人们常说的"魔鬼藏在细节中"。即使我们对很多工作已经很熟悉，要对这些"很熟悉"的工作进行定义也不是一件容易的事，它需要依靠企业范围的知识管理，需要创造性，更需要持之以恒。

对项目进行构件化的任务需要在项目经理及项目组成员帮助下进行，但是，这些人不是构件化的主要责任者，因为他们没有时间去做这些工作，而且他们一般也不能全面了解完成项目需要哪些构件，对此承担责任的是项目管理办公室，如果企业没有项目管理办公室，则该项任务需要由职能部门来承担。

需要注意的是，构件必须达到能够封装的程度才是有效的。所谓封装，表明只要对一个构件的两次输入一样，其两次输出结果也一样。就像一个集成电路，我们只要处理好它与外部的接口，而不需要了解其内部的细节，就能组合成不同功能的、复杂的产品。构件化、封装、复用是简化项目复杂度、降低项目成本、保证项目质量的可靠性、提高项目进度的三个关键词。

第二，按不同的角色对项目组成员进行训练。

提高人员的可替代性会使企业在人才竞争激烈、人才流动日益频繁的商业环境中占据主动。不可否认，每个企业总有不可或缺的人员，但这些人员一定要控制在很小的比例。其实，没有什么人是完完全全不可代替的，我们说某个人的可替代性弱，真正的含义是指要找到替代者需要更长的时间、更高的费用。因此，我们需要找到缩短时间、降低费用的途径。这个途径就是专业分工。现在很多人都在提复合型人才，但真正有效率又价格合理的是专业型人才。高效完成项目需要按照不同的角色分工有效地整合各种专业人才，需要使人们去干他们最擅长、完成最有效率的事情，而将他们所不擅长、低效率的工作交给更合适的人去做。很多企业缺乏有效的整合人力资源的机制，而将责任放在拥有综合技能的人员身上，其结果是造成了人员的可替代性弱、工作效率低。

只有当我们能够对项目角色进行定义、细分后，才能有效地对项目组成员进行培训，使他们迅速胜任项目角色，也才能消除企业中普遍存在的岗位设定与实际工作不一致的情况。

第三，建立机制，使项目组成员能够按照构件化的方式进行工作。

与前面两个步骤相比，这个步骤最困难。要实现该步骤，需要改变人们的观念并调整企业的管理体系。

效率与个性化常常难以共存，希望在项目中既能提高执行效率又能满足项目组成员个性和独特风格是不现实的。因为项目的活动之间密切关联，一个活动的弹性会引起连锁反应，最后引起项目计划的大幅度震荡，使计划名存实亡。为了实现构件化项目管理，我们必须首先树立"高效工作，快乐生活"的观念，毕竟能够从工作过程得到乐趣的只有少数人，如果奢望人人都能快乐工作，其结果很可能是将工作与生活混为一谈，既影响了工作又妨碍了生活。

当然，企业毕竟不能将人看成机器，也不能认为员工只受经济利益驱动，但这些不是体现在完成项目工作上，而是主要体现在项目工作之外的激励、岗位调配、培训发展等方面。因此，企业必须设定相应的管理体系，

太极逻辑
项目治理中的中国智慧

以保证"高效工作，快乐生活"的实现。同时，企业还必须使项目组成员能够随时知道项目角色之间及其任务之间的关联关系、局部变更对整体的影响，以及处理好封装构件之间的接口、规范的沟通等，只有这样才能保证构件化项目管理的实现。

奉献经验与知识赋能将结合

项目治理平台是为多个功能性项目提供的可复用性条件集合，这些条件能够提高项目管理的效率和可靠性，以及增强多项目之间的协同性。项目治理平台的特点在于其稳定性和可复用性。稳定性表明项目治理平台是长期的；可复用性表明它是各种流程、知识、技术和方法的集合。

管子提出"使能不兼官"[1]，但是，很多企业花费了大量的资源去雇用有能力的复合型人才。事实上，没有比这种做法更迷惑人的了。对复合型人才的过度依赖会使企业忽视积累属于企业的知识和技能，这样做的结果又会使企业更加依赖复合型人才。当企业没有属于自己的知识和技能时，"缺乏高素质的人才"就成了最好的也是最没用的借口。对人才尊重的企业是有发展希望的，但依赖于少数"能人"的企业却是脆弱的。对复合型人才过于依赖产生的恶性循环如图 8-3 所示。复合型人才具有广泛的市场需求，因此，高素质的复合型人才常常会"跳槽"或被别的企业挖走。由于培育这些人需要较长的时间，这些人员日益紧俏，他们越发不愿意将个人的知识和技能贡献出来以形成企业的知识和技能。这种情况将使企业更加依赖这些"人才"，从而使企业陷入恶性循环。

---

① 见《管子·立政》。

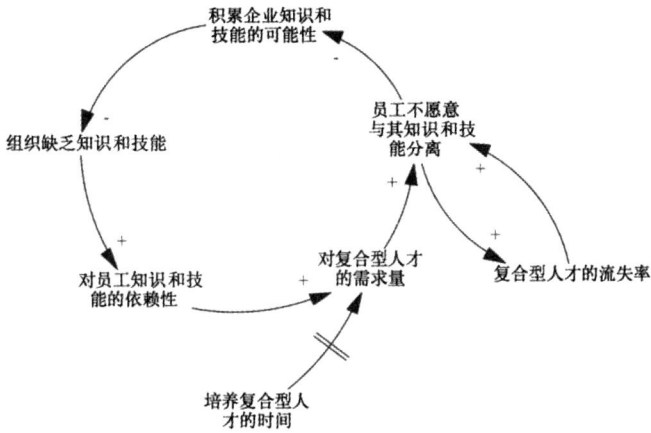

图 8-3　企业对复合型人才过于依赖的恶性循环

　　随着商业环境的变化日益加剧，"岗位"这个词尽管对一个企业来说依然重要，但"角色"这个词比"岗位"更值得我们关注。角色为了尽到其责任，需要必要的能力和信息。现行管理研究和实践的一种现象是人们将关注的焦点放在需要完成的任务方面，而对完成任务的各种角色没有给予足够的重视，没有定义清楚完成一项任务需要哪些角色、每种角色的责任、角色与角色的接口是什么、角色为了完成任务需要何种信息及其他条件等。一个角色需要的能力是相对单纯的，在工件的帮助下，这种能力很容易快速形成，因此，我们应该研究如何通过角色划分和集成来降低对稀缺的复合型人才的依赖、缩短动态人员胜任独特性任务的时间。

　　拥有属于企业的知识越多，企业对知识工作者个体知识和能力的依赖性会越少，企业的整体效率会越高、抵抗人才流失风险的能力会越强。但是，知识工作者为了自身的职业安全感却很可能不愿意将自己的知识贡献出来以形成企业的知识，他们一般不愿意将知识和自己分离。很多企业缺乏人才，不是需要的时候人才来不了，就是人才来了就走不了。由于知识、技术和人员不能分离，使这些知识工作者成为很多企业的瓶颈。知识工作者在多个任务中疲于奔命,这种状态虽然会造成企业效率较低,但对知识工作者却不无好处:他们成了企业紧缺的人才。尽管我们提倡"以人为本",但从管理的角度看,如何减少对人,特别是对"能人"的依赖性反而是更重要的。

在泰勒制之前,人是第一位的,人们依靠各自的能力去工作;泰勒制产生后,体制成了第一位,人们依据设计好的科学方法去工作。经过几十年,人又成了第一位,"以人为本"大行其道,很多企业将希望寄托在"人才"身上,或者说寄托在少数能人的知识、经验、技能甚至直觉上。高素质的人才当然是重要的,但是,世事轮回,随着企业整体知识和技术的积累,是不是又该轮到体制是第一位了呢?这不是简单的泰勒制的复归,而是一种螺旋式上升的管理规律,是符合辩证法观点的。

企业的经营方式和管理理念需要适应时代的变化。互联网技术和社会保障体系等的发展给企业带来了若干颠覆性的冲击,如果我们不能感知到这些冲击并采取相应的策略,将会错失企业发展机会甚至丧失生存能力。

未来企业的发展趋势是更加柔性、边界模糊化和组织结构超平化,维系传统组织的权力因素正逐渐被契约因素所取代。在这种环境下,企业的业务板块或事业单元将会因项目机会出现而构建,也会因项目结束而解体。在项目机会出现时,项目发起企业作为一个核心节点根据契约规则吸引其资源而构建项目利益相关方社会网络;随着项目的进展,这种社会网络的有些节点将会因失去对网络的粘度而消失,而一些新的节点将会显现并粘着于这种社会网络。有些企业会扮演构建网络的角色,有些企业将扮演网络节点的角色。企业承担项目的始终使企业本身变成了动态演化的项目利益相关方生态系统。

我们无法可靠预知未来,只能依赖动态的项目、利益相关方之间的彼此合作和不断创造价值来支撑企业的生存和发展。捕捉项目机会的能力、构建项目利益相关方网络的能力及维护这种网络有效运营的能力将成为企业的三大竞争力。人与项目、项目与企业、企业与社会环境之间互动关系的形成、维系和解散也将成为组织级项目管理的重要内容。

在 VUCA 的时代,很少有企业能够承诺只要员工好好干就能够有工作,也很少有人员能够承诺会永远在某个企业工作。对企业来说,留住一个人才的代价越来越高、可能性越来越小;对人才来说,在一个企业长久工作的机会损失越来越大、被企业抛弃的可能性也越来越大。

由于无法可靠预见将来,企业难以提前培育和储备人才,我们能做的就是当项目机会出现时能够尽量缩短发现人才、吸引人才并为其构建有效游戏规则的时间。在这种态势下,"人力资源"的概念将会被"利益相关方"所取代。"资源"的背后隐含着依靠权力的占有和支配,权力决定于对将来利益的承诺能力。在变化和动荡的环境下,企业难以对人们做出长久可靠的承诺,因此,其拥有权力的程度将会减弱,只能将传统的"人力资源"变成因利益关系而合作的"利益相关方"。

利益相关方参与项目,是因为选择的结果,是因为人们将精力和时间等投入到这些项目上比放在别的项目上更合算。"我们来自五湖四海,为了各自的目的走到一起"是构建项目治理关系的前提假设。对处于不断变革环境中的企业来说,上司和下属这样的隶属关系将变成甲方和乙方的动态契约关系,依据权力大小而构建的组织层级将会逐渐变成彼此间互联互动和相互依存的超平式网络结构,传统的"组织"或"企业"概念也将由"社区"或"项目生态系统"所取代。

要解决好项目角色的临时性与职业生涯的长期性之间的矛盾，达到这种双赢的效果，企业需要为利益相关方赋能，即利益相关方每次与企业的合作都会增强其能力，这种能力能够增强其被其他企业或项目吸纳的能力；利益相关方同样需要为企业赋能，即在与企业和项目合作的过程中，人们将贡献各自的知识和经验，这些知识和经验将变成企业或项目可复用的无形资产。

要想将利益相关方的个人经验转变成企业可复用的知识资产，需要了解人性，需要解决人们"教会徒弟，饿死师傅"的后顾之忧。要想建立项目治理平台，需要形成企业可复用的无形资产，这些无形资产来自通过对利益相关方个体经验集成而形成的知识。项目是动态的，因而尽管负责项目可能会给人们带来明确的业绩，但由于项目是临时的，这种临时性带来的职业生涯的不安全感又会抵消人们负责项目的热情。企业不能承诺给其员工长期的工作，但可以承诺员工在企业的每一天其能力都会得到增强，这种赋能的承诺能够增强员工的安全感。如果不了解人性中对安全感的需求，一味地要求人们为企业奉献，其结果必然是表面文章盛行。

毛泽东在《抗日游击战争的战略问题》一文中提出了"根据地"的建设问题，这是游击战争的"战略基地"，是中国抗日游击战争胜利的重要保障。没有根据地，游击队就容易产生"流寇"的弱点。李自成失败的重要原因不仅在于内部的腐败，更在于没有解决根据地问题而形成了重大战略错误。同样，没有项目治理平台的支撑，企业的一个个项目也会孤立无援，变成"流寇"而惨遭失败。

第 9 章
规避太极逻辑的弱点

学不可以已。

——《荀子·劝学》

　　太极逻辑的根本在于实事求是，而实事求是的最大敌人则是教条主义。根据阴阳对立统一的原则发现矛盾，根据太极阴阳分化的演变规律找准解决矛盾的时机，根据中庸的置换思想以权衡利益相关方需求而得到矛盾的解决方案，是太极逻辑的三个基本支柱。矛盾的特殊性中具有普遍性，从这些个案的矛盾中找出普遍存在的规律以形成理论的过程就是实事求是。这些理论只是为进一步实践提供有益的假设性指南，利用这些理论可以提高发现和解决矛盾的效率与可靠性，但是，这些理论并不能为发现和解决矛盾提供所谓的正确答案。从解决个案的矛盾中发现的普遍规律能否直接用以解决其他类似的矛盾还需要实践的检验，这就是"实践是检验真理的唯一标准"的原因①。

　　太极逻辑建立在对特定情境的利益权衡之上，这种"具体问题具体分析"的处置方式对化解具体的矛盾十分有效，但是，正如《太极拳论》所言"阴阳相济，方为懂劲"，阳光越强烈，影子越黑暗，太极逻辑同样存在一些弱点。认清这些弱点，我们才能更好地运用太极逻辑而不至于将太极逻辑变成一种僵化的教条。

---

① 1977 年 2 月 7 日，《人民日报》、《红旗》杂志、《解放军报》的社论《学好文件抓住纲》中提出"凡是毛主席作出的决策，我们都坚决维护，凡是毛主席的指示，我们都始终不渝地遵循"。"两个凡是"提出后，遭到了邓小平、陈云等人的坚决反对，并引发了全党范围内关于真理标准问题的大讨论。1978 年 5 月 11 日，《光明日报》发表本报特约评论员文章《实践是检验真理的唯一标准》。文章指出，检验真理的标准只能是社会实践，理论与实践的统一是马克思主义的一个最基本的原则，任何理论都要不断接受实践的检验。这是从根本理论上对"两个凡是"的否定。其实，毛泽东本人在其 1937 年发表的《实践论》中就已经提出"真理的标准只能是社会的实践"。

着眼于当前的阴阳矛盾易于短视

太极逻辑的起点在于根据阴阳对立统一思想来发现系统的主要矛盾。由于系统的矛盾会动态出现，以及采用了中庸式的解决方案，矛盾的演化路线是非线性的，在矛盾的演化过程中会产生很多分支路径，一个矛盾的解决会产生很多事前难以预测的路线偏差，维护系统稳定的战略变得尤为困难。尽管在中国的传统文化中有"人无远虑必有近忧"这样提倡关注长远的警句名言，也有诸如李斯的《谏逐客书》、诸葛亮的《隆中对》、毛泽东的《论持久战》这些有关国家战略的名篇佳作，但是，如果过于强调矛盾（问题）导向，这些战略就容易被忽视。避免过于灵活而缺乏长远稳定的策略是运用太极逻辑时需要特别注意的问题。

在中国历史上，"一朝天子一朝臣"的情况比较普遍，"狡兔死走狗烹"的现象也是由君王面临的矛盾发生了转移而造成的。尽管中国人中爱国人士不可尽数，但梁启超也曾说过"中国人爱国心颇弱，苟不得志于宗国，往往北走胡南走越，为敌国伥以毒同类"[1]这样的话，这种现象恐怕也与中国人在看待和解决矛盾时采用的太极逻辑方式有关。

三国时期，蜀国大将关羽会因为重视眼前的矛盾（在孙权面前争面子）而忽视诸葛亮定下的"外结好孙权"[2]的战略，而当今的一些政府官员也会因为重视眼前的矛盾（提升 GDP）而破坏生态环境，更令人担忧的是网络上的诸多"键盘侠"会着眼于一时的口舌之快动不动就嚷着要与一些国

---

① 见梁启超著的《管子评传》。
② 见《隆中对》。

家开战。这也就是为什么邓小平提出中国共产党的基本政策需要"一百年不动摇",以及习近平多次提出党员干部要增强"政治定力"和"战略定力"的原因所在。"一百年不动摇"并非是指一百年不发展、不根据具体情况进行适当的政策调整,而是指战略方针需要稳定坚守,以避免产生追求短期效率而忽视长远效率的问题。同样,"政治定力"和"战略定力"与坚持改革也不矛盾,这些都是在严格的战略方针下根据矛盾的具体特点而采取不同的解决策略的对立统一。

很多人在运用太极逻辑时容易将战略方针和战术方案对立起来,或者过于僵化教条而不能根据矛盾的特殊性采取特定的解决措施,或者过于灵活而忘记矛盾的普遍性而就事论事。对政府来说,这些偏颇要么会产生缺乏政绩、平庸无为的官员,要么会产生不断折腾、遗患无穷的官员;对企业来说,这些偏颇要么会产生抱残守缺、使企业逐渐衰败的老板,要么会产生急功近利、使企业昙花一现的老板。

项目因其具有临时性的特点,这种缺乏战略思维、追求短期效应的现象更容易发生。尽管中国人强调系统观,但我们实际上考虑的经常是小系统,也就是俗话说的"圈子"。由于在政策、技术方向上不能坚持,在项目运作上各自为战,项目需要按生命周期开展的原则经常被忽视,中国也因此付出了很多代价。"三边"工程、烂尾楼、环境污染、"活在当下"的人生态度、国民的焦虑情绪大多源于这种行事逻辑,也都将产生严重后果。这些注重局部效率而忽视整本效益做法的根源也可以归结到基于特定矛盾进行利益权衡的思维逻辑上。

"边勘探、边设计、边施工"这种"三边"工程难以禁绝是

一个恶性循环:政府官员希望尽快出业绩,企业希望工程很快完

工、尽快收到经济效益，这是一个小循环；工程出现质量问题、重新建造、下一任官员的业绩形成、新的经济效益产生，这是另一个小循环。从这两个小循环看，企业和政府官员皆大欢喜。但是，还有一个大循环他们没有考虑，即因为工程质量问题导致政府官员落马、企业信誉丧失、国家和社会损失增加（见图 9-1）。

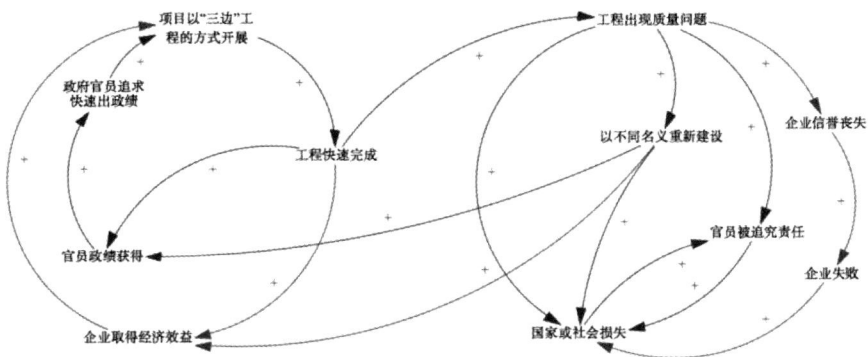

图 9-1 "三边"工程中追求局部利益给整体利益带来的损失

由于这种短期效应，人员的流动情况会增加，人们对项目、企业的忠诚度会减弱。在项目治理方面有一项很重要的内容，即项目治理的战略问题一直被人们忽视。企业习惯于将项目作为一次性任务对待，而没有充分考虑项目之间在时间关联、技术关联、资源关联、市场关联和产业关联等方面的衔接，因而常常出现"狗熊掰棒子""游击队"甚至"流寇"式项目运作方式，知识积累、平台建设等长效机制容易被忽略。规划、政策甚至法律常常因领导人的变化而变化，最后成为一纸空文。由于过于灵活，责任的边界常常模糊不清，也会造成利益相关方合作不畅、磨合期太长等难题。

"解铃还需系铃人"，易于短视而失之战略的根源在于对矛盾的把握不当，因而解决之道在于正确把握项目的主要矛盾。项目的价值因企业乃至国家的矛盾而存在，对于项目管理者而言，可以将发现矛盾的视野局限在项目本身，但对于项目治理者而言，则需要将发现矛盾的视野扩大到企业乃至国家层面。正如要获得企业利润需要从发现企业能够解决何种商业矛盾入手、要获得商业利润需要从发现社会矛盾入手一样，先厘定企业发展的主要矛盾是确定项目根本价值的出发点，也是确保利益相关方在解决项目问题时能够在企业战略框架内考虑解决方案的前提条件。

在此过程中需要特别注意的是要将企业的矛盾和企业主的矛盾区分开来。要使项目避免短期效应，项目治理者要将项目与解决企业的矛盾挂钩而不应该将项目与解决企业主的矛盾挂钩。即使是在民营企业中，表面上看企业和企业主是一体的，但企业有自身的法理独立性和成长独立性，将企业和企业主混为一谈是很多企业出现治理问题的重要原因。同样，政府官员的政绩和政府的政绩经常被混为一谈也是造成政府政策侧重于短期效益的重要原因。

项目是临时的、独特的，战略是长期的、相对稳定的，所以针对项目开展的战略研究往往被人忽视。在市场相对稳定的情况下，项目只作为企业运营的配合性活动时不需要重视项目的战略问题；或者当企业面对的市场规模小，不具备同时发动多个项目的条件、项目仅仅用来满足临时性的需求时，也不需要研究其战略问题。但是，在社会和市场急剧变化，项目在企业内部、企业与企业之间、行业与行业之间、国家与国家之间扮演越来越重要角色的情况下，项目战略、战役和战术三者之间的动态协同将越来越重要。

任何一个企业的成长都不可避免地受到政策或政治因素的影响，都难免与代表政府的某些官员打交道；任何政府也离不开企业的支持，因为只有企业才是能最有效率地满足公民对商品需求的组织，因此，很难有纯粹的市场经济。无论是政府还是企业都是开放的系统，政企互动关系是一个国家或地区保持活力和发展的重要动力源。政企关系很难处理的原因是我们容易将政府的代表人即政府官员等同于政府，企业要兼顾政府的价值需求，但是企业不能将政府的需求与政府官员的需求混为一谈。

对于目前中国开展的如火如荼的 PPP 模式来说，尤其需要将 PPP 的价值与政府主管官员需要提高政绩而亟待解决的矛盾区分开来。严格说来，PPP 模式是一种开展项目工作和项目成果经营的合作模式，不能简单将"PPP"等同于"PPP 项目"，这种概念混淆的后果必然是带来对 PPP 需要解决的矛盾或 PPP 价值的混淆。将 PPP 看成一种开展项目工作和项目成果经营的合作模式，其价值在于发现和解决某个领域的长期矛盾，这种长期性会与 PPP 的生命周期相关联，而将 PPP 看成"PPP 项目"，则很容易掉入为解决官员任期政绩或地区短期矛盾的陷阱。尽管国家强调终身追究项目负责人的责任，但在从 PPP 立项到经营结束的几十年时间内，会碰到无数的难以说清责任的社会发展因素、技术发展因素、责任交叉因素等，这种"终生责任制"实际上很难具备可行性。

项目的工作范围是有限的，项目的时间范围也是有限的，但是，项目成果对企业的影响是长久的。如何平衡好这种时限性和长期性，需要依靠中庸的解决策略来划分好项目利益相关方的责任范围。将项目工作范围和时间范围内的责任和项目交付物的功能、质量等作为项目管理班子的责任；而项目的长期价值、制定项目过程的实施策略等则主要由项目治理班子负责。之所以强调"班子"而不是"人员"不仅是因为项目的成果大多是由项目班子而不是个人得到的，更是因为个人容易离开项目或企业，而

"队伍"则是一个集体，是机构的代言人，能够保持相对的稳定，能够最大限度地跨越项目的价值周期。对 PPP 来说，同样需要明确其中的一个重要的合伙方 "Public" 是政府部门而不是某个政府官员，如果将来的合作出现问题，需要能够找到稳定的、能够认可责任的政府部门，避免将责任让那些有短暂任期的具体官员来承担。

保守发现太极阶段的信息秘密易于错失时机

太极逻辑认为解决矛盾的最佳时机在于太极阶段，即矛盾已现端倪但还没有明朗化，矛盾的双方对产生的分歧有了意识，但依然希望携手解决矛盾、争取双方满意的意愿而不是矛盾已经激化、双方都倾向于采用零和对策的阶段。这个阶段从理论上讲是解决矛盾的最佳阶段，因为双方容易相向而行。但是，由于把握矛盾的分寸难以用科学方法解决，其中的阴阳对立统一关系既容易造成边界模糊、诡辩、议而不决、过于折中等问题，也容易形成表里不一、阳奉阴违、项目利益相关方彼此间信任度较低等管理状况。特别是对太极阶段的理解和把握具有很高的艺术性，很大程度上依赖于决策者对信息的判断能力，因而决策和做事的效果会因人而异。中国人强调领导的艺术，这也是中国千百年来一直依赖明君、清官、名将的原因所在。中国式辩证逻辑在运用中不注重对统计数据的分析，相比而言，不强调事物发展的普遍规律而注重事物发展的特殊性，这些对人的过度依赖会产生风险，也难以促进科学技术的整体发展。对决策者自身品德和能力的要求过高、管理成本占总成本的比例过大、决策过程错失时机或独断专行等都会对项目成功造成不良影响。

十年春，齐师伐我。公将战。曹刿请见。其乡人曰："肉食者谋之，又何间焉？"刿曰："肉食者鄙，未能远谋。"乃入见。问："何以战？"公曰："衣食所安，弗敢专也，必以分人。"对曰："小惠未徧，民弗从也。"公曰："牺牲玉帛，弗敢加也，必以信。"对曰："小信未孚，神弗福也。"公曰："小大之狱，虽不能察，必以情。"对曰："忠之属也。可以一战。战则请从。"

公与之乘，战于长勺。公将鼓之。刿曰："未可。"齐人三鼓。刿曰："可矣。"齐师败绩。公将驰之。刿曰："未可。"下视其辙，登轼而望之，曰："可矣。"遂逐齐师。

既克，公问其故。对曰："夫战，勇气也。一鼓作气，再而衰，三而竭。彼竭我盈，故克之，夫大国，难测也，惧有伏焉。吾视其辙乱，望其旗靡，故逐之。"

——《左传·曹刿论战》

最能够反映对矛盾时机把握因人而异的是《战国策》，其中有很多对同一矛盾演变趋势截然不同的分析，而且都能够自圆其说，都能够对决策产生影响，当然，这些决策也是截然不同的。特别是苏秦和张仪两人都曾对秦王阐述了要连横的道理，但秦王在苏秦游说时"书十上而不行"，致使苏秦"归至家，妻不下纴，嫂不为炊，父母不与言"[1]，而在张仪游说时则予以采纳并任命其为丞相，其原因主要不在于两人的游说水平高低，而在于秦国当时面临的主要矛盾不同。换句话说，主要是因为在苏秦游说时秦国采取连横策略的时机不到而在张仪游说时秦国采取连横策略的时机到了而已。

在中国的烹饪技法中，"火候"是很难把握又很关键的词。中餐馆中，

---

[1] 见《战国策·秦策》。

厨师是十分关键的人物，在中国烹饪的操作指南中，常有"加盐少许"等依靠厨师个人判断的说法，有很多"手感""口感"等依靠个人判断的词汇，这使中国烹饪成了一种艺术，即"厨艺"，它既需要厨师具备较高的天赋，又需要厨师经过长期的练习才能达到较高层次。这些都是"人才难得""以人为本"等的由来。

在中国历史上，不乏神秘化的决策者，例如，诸葛亮就被鲁迅评论为"诸葛多智近乎妖"[①]，"夜观天象"成了中国古典小说中描述智者决策的常见依据。保守秘密，故意造成信息不对称有三个基本原因。一是为了保护自己。"教会徒弟饿死师傅""长江后浪推前浪，前浪被拍死沙滩上"等民间俗语反映了为什么人才将个人经验秘而不宣的原因。"逢人只说三分话，未可全抛一片心""万言万当，不如一默"等同样是为了保护自己避免被动的原因。二是以神秘感帮助提升自己的权威性。无论是中国古代的皇帝以远离臣子的高座来增加皇权的威严还是当今常见的"无事开大会、有事开小会、重要的事情不开会"等都是为了屏蔽信息以造成人们的恐惧或担忧而增加管理者特殊性以形成威严或威慑力。三是策略保密的需要。

> 乱之所生也，则言语以为阶。君不密则失臣，臣不密则失身，几事不密则害成。是以君子慎密而不出也。
>
> ——《易经·系辞传上》

能够揣摩上司指令背后的真正意图成了必备的社会生存和工作胜任能力。但是这些"言者无心，听者有意""只可意会，不可言传"的沟通艺术在面向临时性项目和来自不同文化背景和立场的利益相关方时存在很多困难。

---

① 见鲁迅著《中国小说史略》。

飓风起于青萍之末，矛盾不会凭空发生，它总是一系列相关事件的组合。太极阶段也不会突然出现，它也必然存在一个演变的过程。在充满变化和不确定的时代如何能够可靠、及时地发现和把握住解决矛盾的太极阶段本身就是一个矛盾，而这个矛盾的解决方案依然可以采用中庸的策略找到。

从无极（相对和谐）到两仪（矛盾激化）是一个渐变的过程，即使这个过程比较短暂，它依然是一个阶段而不会是一个绝对的突变。因此，如果我们能够从系统中抽象出两个代表阴阳对立统一矛盾关系的变量，并对其进行监测，就能够将隐含的矛盾关系的演变趋势显现出来。

> 不知敌之情者，不仁之至也，非人之将也，非主之佐也，非胜之主也。故明君贤将，所以动而胜人，成功出于众者，先知也。先知者，不可取于鬼神，不可象于事，不可验于度，必取于人，知敌之情者也。
>
> ——《孙子兵法·用间篇》

诸葛亮之所以能够有锦囊妙计，背后一定有一支精干的情报队伍，那种"掐指一算，计上心来"的情况只是为了掩人耳目而已。要抓好项目治理，有关数据的采取和分析需要有专门的部门或人员负责。项目都是具有独特性的，不能照搬其他项目的经验作为制订本项目计划的依据，但在一个企业内部，同类型的项目很多，特别是对于成组项目来说，它们之间有许多可相互借鉴的知识或经验，因此，在企业范围内加强对项目基础数据的统计分析以得出规律是十分必要的。如果不重视基础数据的收集和统计，项目决策必然是凭经验或"拍脑袋"而定的。这方面问题的解决，并非一日之功，但如果企业肯花大力气，当数据积累到一定程度时就可以发现统计规律，就会对决策起到极大的支持作用。

企业需要建立一种可称之为"数字神经系统"的数据平台。"数字神经系统"的含义包括两个方面：一是数字只有联结起来才有用，孤立的数字是没有太多价值的；二是数据要实时更新，要像人体的神经系统一样能够快速反应。借助这种数据平台，企业管理人员可以根据需要从自己的终端上，清楚地看到公司每一点运行情况的实时、真实的信息，可以看到公司的每个人每天的工作状态，可以看到项目的每一个活动在每天的进展状况，而且可以根据自己的需要，使系统自动生成各种统计和分析。这种数据平台对于企业项目资源的调度、分配、评价和预警将起到很大的支持作用。

项目管理是一种典型的系统管理，也是一种典型的变化管理。在一个项目中，有成百上千的相互关联的活动，一个活动在工期、资源和预算方面的变化将对整个项目甚至在企业层面上产生连锁反应。项目管理的定律之一是"魔鬼藏在细节中"，项目经理和高层管理人员必须在对项目各种活动的变动全面了解的基础上，才能确定工作的焦点。同样，由于项目组成员存在不同的分工，要使他们都能够明了各自的工作对项目的目标起到什么作用和影响，不能仅靠鼓励他们提高对项目的整体责任感，也不能仅靠评价机制来驱动他们共同承担项目的责任，还必须使他们能够直观地看到他们的工作与项目目标之间的动态关系。即便是一个经验丰富的项目团队，如果不能完全理解项目的每一个组成部分，不能形象、直观地了解项目的各部分之间的关联关系，也容易犯"一叶障目，不见泰山"的错误。只有将项目的运行做到可视化，才能够帮助他们解决这些问题。

变化的对手是速度。我们无法完全预测社会变化的趋势，因而也无法保证在最佳的太极阶段来解决矛盾，我们能做的是提高我们的响应速度。项目是临时性的任务，这里的"临时性"不仅具有时间段的含义，更隐含着启动时间点的挑战。在微信群里随机发一个红包，不到几秒钟就会一抢而空，同样，一旦有个好的盈利机会，也会有无数的企业一哄而上。在互联网发达的环境下，保密越来越难做到，对企业来说，与其保守机密，不如加快速度。正如《太极拳论》中所言的"不顶不丢"一样，如果我们能够将间隔足够短的离散数据连接起来，就能够拟合变化的曲线，也就会为我们提高响应速度打下基础。

保守机密有两种思路。一种是将秘密集中在少数人手中。这是常见的做法。但是，这种做法有三个弱点：只要拿下这些秘密的少数人，秘密就不再是秘密；工作需要多种利益相关方来协同完成，信息的不畅通会导致工作协同的不畅通，会增加管理费用；太多的掌握在少数人手中的秘密会使企业的知识积累难以形成，而随着人员的流动企业会遭受重大损失。另一种保守秘密的做法是将掌握秘密的主体由人变为系统。这种做法的好处是除非别人将整个系统，包括系统赖以存在的环境，一起拿走，否则这个秘密永远是属于企业的。最难利用的秘密就是阳谋，就是公开的秘密。对企业来说，这种公开的秘密就是项目治理平台及其运行机制。

中庸式的变通易于弱化原则

中庸是太极逻辑用以解决矛盾的基本思想。基于中庸的矛盾解决策略就是尽量采用非线性的、以置换或借力的方式来避免矛盾对立，从而增加矛盾双方的统一性。

非线性的中庸方式带来的是渐进的演变而不是彻底的革新。在中国文化中，"头疼医头、脚疼医脚"这种就事论事的、直截了当的做法被认为是低水平的，而迂回式的、留有回旋余地的做法则常被认为是高明的。这一点与中国人明哲保身的思想分不开。老子在《道德经》中提出："我有三宝，持而保之。一曰慈，二曰俭，三曰不敢为天下先。"①韩非子对其解释为："不敢为天下先，则事无不事，功无不功，而议必盖世，欲无处大官，其可得乎？处大官之谓为成事长。是以故曰：'不敢为天下先，故能为成事长'②。"保守的、改良性策略是中庸式的矛盾解决方案中常见的。"出头椽子先烂""枪打出头鸟""木秀于林风必摧之，行高于人众必非之""退一步海阔天空，忍一时风平浪静"等民间俗语都表明了改良性的变革更容易被人们接受，也更安全。

太极拳起源于道家思想，太极拳的出拳路径是弧线，其运动法则是靠圆来体现的。古语有云："太极拳者，权也，所以权物而知其轻重者也。"走弧线运动其实就是在权衡对方的实力，以便及时给出对策。正因为走的是弧线，才更容易实现灵活变通，实现"人刚我柔谓之走，我顺人背谓之粘"和"粘即是走，走即是粘"以达到"从心所欲"的境界③。所谓的中庸策略，也如弧线运动一样，做事分得清轻重缓急，处处给人留有余地，在渐进性的演变过程中达到"大事化小、小事化了"这种皆大欢喜的结果。太极拳讲究的是"四两拨千斤"而不是"四两打千斤"，同样，"大事化小、小事化了"中的"化"字也不是"变"字，这里的"拨"和"化"字表明矛盾双方的改变是渐进性的，因为碰到的阻力较小，矛盾双方在改变过程

① 见老子《德经·第六十七章》。
② 见韩非著的《解老》。
③ 见王宗岳《太极拳论》。

中容易接受，甚至没有感觉到自己被改变。这也就是《道德经》中所说的"功成事遂，百姓皆谓我自然"[①]的原因。

中庸的策略容易与妥协、软弱、理想模糊混淆。因为中庸式的问题解决方式是非线性的，这些处置方式不太容易被人们理解。这一点与形式逻辑中的三大定律不同。形式逻辑基本上是线性的思维方式，一是一、二是二，依据形式逻辑看来，世界是黑白分明、非此即彼的，对事物的判断立场鲜明，沟通方式也比较直接，但太极逻辑是将世界分为黑、白和黑白相间产生的灰色三种类型，而且灰色占据了大部分。太极逻辑中的中庸之道就是要在这灰色地带中发现解决矛盾的方案。在中庸式的方案中，直截了当是除非不得已才能采用的方式，试探、迂回、因势利导才是有效的方法。

> 邦有道，危言危行；邦无道，危行言孙。
>
> ——《论语·宪问篇》

> 君子尊德性，而道问学，致广大，而尽精微，极高明，而道中庸。温故，而知新，敦厚以崇礼。是故居上不骄，为下不倍。国有道，其言足以兴；国无道，其默足以容。诗曰："既明且哲，以保其身。"其此之谓与？
>
> ——《中庸·第二十七章》

由于解决矛盾的方式是迂回式的，在沟通方面就不会直截了当，也就给别人造成理解上的困难，特别是在涉及众多利益相关方时，必然造成那些看起来没有直接关系的利益相关方感到与己无关。这种中庸的方式需要有足够的时间来使系统的各个局部慢慢演变，当这些系统的局部最终汇集

[①] 见《道德经·道部·卷一》。

成一个完整的系统时，我们才能够看出解决问题的各个步骤的路径依赖关系。遗憾的是，项目因为时间有限、项目的利益相关方是动态参与项目的，因而这种迂回式中庸策略容易让人迷惑不解，容易增加沟通成本和降低协同效率。特别是在多次的迂回之后，很可能使策略的提出者自身也迷失了。

过于灵活、柔性、以和为贵和因矛盾特点而变化的中庸之道容易给人一种缺乏原则性的感觉。其实，《中庸》中对"中庸"一词有个明确的解释，即"不偏之谓中，不易之谓庸"，而其中的"不易"就是要坚守原则，是对项目价值坚守的"诚"。不忘初心，方得始终，中庸之道的灵活策略是在严格的原则框架内享有的有限自由度，对项目价值的信守也是在项目利益相关方之间达成共识，找到中庸式矛盾解决策略的基石。

项目治理和项目管理的根本价值在于为增加利益相关方之间的彼此信任提供保障。相对于"收入"和"成本"而言，"价值"和"信任"才是保证项目利润的关键词，也是项目治理和项目管理的要害所在。项目是其利益相关方进行价值交换以满足各自需求的交易平台，利益相关方之间的合作关系是一种价值信托关系，利润则是受托方获得的交易费用和合作价值的红利。合同并不足以保证利益相关方之间的信任。合同既是为了合作，也是为了保护分手时的利益。当合同解决不了信任问题时，我们会转向依赖于友情或义气，这也是我们常听到的"干成一个项目，交了一批朋友"的另一层含义。

信息不对称是造成利益相关方之间不信任的重要原因。任何一对项目利益相关方之间的关系都可以看作对立统一关系。在建立和维护彼此关系的过程中，谋略是必需的，但要尽量依靠阳谋而不是阴谋。阴谋利用的是对方系统的缺陷，而阳谋则依靠的是自身系统的完善；阴谋所做的是造成信息不对称，而阳谋则是建立在信息对称基础上的。成本与费用外延的混淆是造成利益相关方之间不信任的另一个原因。项目成本是项目价值的必要组成部分。我们会听到"向成本要效益"这样的说法，似乎降低成本必然会增加利润，但结果却经常是偷工减料，不但企业没有增加效益，反而因为质量问题而损失惨重。要在限定的合同额度内获得最大的利润，真正要控制的是项目费用，是那些因管理不善而造成的非必要支出。如果我们能够证明项目费用的必要性，就能够增加对方的信任。

获得人与人之间的信任绝不是容易的事，对仅有短暂合作期限的项目利益相关方来说更是如此。项目利益相关方是彼此互为价值的供需方，也是互为攻防的红方、蓝方。尽管人们常说商场如战场，但与用兵的零和对策不同，项目合作追求的是共同增加价值并由此获得利润。任何单方面强调自身利益的"以成败论英雄"和"狼文化"都容易加剧不信任，彼此的合作会被零和竞争取代，而没有人愿意被别人当成傻瓜的心态会使这种竞争陷入恶性循环。

"价值"一词并不是绝对的、客观的，它是相对于人的需求而产生的主观效用。在不断变化、难以预测未来的社会中，稳定的价值观尤为重要。我们的行动需要敏捷，但我们的价值观却需要坚如磐石。只有我们的价值观是坚定的，我们才能感知世界微小的变化，才能从起于青萍之末的微小震动预见到飓风的来临，才能把握先机，达到"宁静致远"和"静如处子，动如脱兔"这种敏捷性的高阶境界。如果我们的价值观随着外界的变化而飘忽不定，即使我们竭尽全力想赶上那些变化的节奏，其结果却是将有限的时间花费在应付各种幻象之上，只是疲于奔命而陷入忙乱之中。

在变化环境下的企业战略类似于游击战的战略，它不仅需要根据整体战争局势的变化而变化，也必须随着一个个游击战役（项目集）甚至是游击战斗（单一项目）状态的变化而变化。游击战争的高手毛泽东为抗日红军大学（后改名为中国人民抗日军事政治大学）制定的教育方针是"坚定正确的政治方向，艰苦朴素的工作作风，灵活机动的战略战术"，其中不仅认为战术需要灵活机动，战略也同样需要灵活机动，只有政治方向是需要坚定正确的。同样，对企业来说，只有价值观是需要坚定正确的，战略和项目都应该是灵活机动的。

我们看待世界所采用的认识论无不带有各自的立场，我们认识世界和改造世界的方式方法也会带着我们的主观色彩。这是世界丰富多彩的原因，也是世界面临很多烦恼、很多矛盾的原因。毛泽东在其《辩证法唯物论（讲授提纲）》中多次强调"辩证法唯物论是无产阶级的宇宙观"[1]，可见，唯物辩证法是站在无产阶级立场上的，是为无产阶级服务的。与此类似，太极逻辑也是为相对弱势、仅靠其拥有的资源和权力不足以压倒性地解决矛盾的管理者服务的。弄清了这一点，我们就能够理解太极逻辑对项目治理和项目管理者的价值。

对项目管理者乃至项目治理者而言，项目面临不确定的环境而带来的项目风险的难以预见性、项目的临时性而带来的责任边界的局限性、项目需要多种知识才能完成而带来的权威局限性、项目管理和治理者拥有的可交换资源的缺乏性等都迫使他们采用具体矛盾具体分析的做法、采用迂回和置换的措施在最恰当的时间段内以最小代价解决矛盾的做法，这就是太极逻辑的价值，也是太极逻辑面临的挑战。

---

[1] 毛泽东的《辩证法唯物论（讲授提纲）》写于 1937 年，曾在《抗战大学》第 6 期至第 8 期（1938 年 4 月至 6 月）连载。

　　管理是一种有残缺的美，人们用于认识世界的逻辑也是一样。太极逻辑不能取代形式逻辑、辩证逻辑等其他认识和解释世界的认识论，其他逻辑也不能取代太极逻辑。一花一世界，所处的世界不同、承担的角色使命不同，人们采用的逻辑也就不同。